期货交易者教育系列丛书

棕榈油期货

中国期货业协会 编

中国财经出版传媒集团
中国财政经济出版社
北京

图书在版编目（CIP）数据

棕榈油期货 / 中国期货业协会编. -- 北京 : 中国财政经济出版社, 2024.9
（期货交易者教育系列丛书）
ISBN 978-7-5223-2981-9

Ⅰ. ①棕… Ⅱ. ①中… Ⅲ. ①棕榈油－期货交易－基本知识 Ⅳ. ①F830.93

中国国家版本馆CIP数据核字(2024)第062128号

责任编辑：张　莹　　　　　　责任校对：胡永立
封面设计：王　颖　　　　　　责任印制：党　辉

棕榈油期货
ZONGLYUYOU QIHUO

中国财政经济出版社　出版

URL：http://www.cfeph.cn
E-mail：cfeph@cfeph.cn

（版权所有　翻印必究）

社址：北京市海淀区阜成路甲 28 号　邮政编码：100142
营销中心电话：010-88191522　编辑部电话：010-88190912
天猫网店：中国财政经济出版社旗舰店
网址：https://zgczjjcbs.tmall.com
中煤（北京）印务有限公司印刷　各地新华书店经销
成品尺寸：170mm×230mm　16 开　7.5 印张　109 000 字
2024 年 9 月第 1 版　2024 年 9 月北京第 1 次印刷
定价：24.00 元
ISBN 978-7-5223-2981-9
（图书出现印装问题，本社负责调换，电话：010-88190548）
本社质量投诉电话：010-88190744
打击盗版举报热线：010-88191661　QQ：2242791300

《期货交易者教育系列丛书》编委会

编委会主任：杨 光
编委会委员：吴亚军　王　颖　冉　丽　孙明福

主　　　编：杨　光
执行编委：董文旭　刘方媛
编撰人员：史恒昱　巩力赫

前　言

我国期货市场经过 30 多年发展，经历了从无到有、从小到大、从乱到治，走出了一条独具特色的道路，取得了令人瞩目的成就。30 多年来，期货市场的规则体系不断完善，品种创新有序推进，风险管理工具进一步丰富，对外开放进程明显加快。期货市场的规模稳步扩大，市场交易者结构逐步优化，资产管理和风险管理等创新业务探索取得初步成效。期货市场整体运行质量和效率不断提高，发现价格、管理风险和配置资源的基础功能得到发挥，在服务实体经济、促进产业升级、助力乡村振兴和维护国家经济金融安全等方面发挥着越来越重要的作用。

随着我国期货市场规模的不断发展壮大，新的市场参与者特别是个人交易者数量呈持续上升趋势。交易者是期货市场的重要主体，期货市场的发展离不开交易者的积极参与。中小投资者是我国现阶段资本市场的主要参与群体，但处于信息弱势地位，抗风险能力和自我保护能力较弱，合法权益容易受到侵害。维护中小投资者合法权益是证券期货监管工作的重中之重，关系广大人民群众的切身利益，是资本市场持续健康发展的基础。因此，当前我国期货市场正处于快速发展时期，做好期货交易者教育工作意义深远。

2013 年，《国务院办公厅关于进一步加强资本市场中小投资者合法权益保护工作的意见》（以下简称《意见》）发布，指出要强化中小投资者教育，加大普及证券期货知识力度。将投资者教育逐步纳入国民教育体系，有条件的地区可以先行试点。充分发挥媒体的舆论引导和宣传教育功能。证券期货经营机构应当承担各项产品和服务的投资者教育义务，保障费用支出和人员配备，将投资者教育纳入各业务环节。提高投资者风险防范意识。自律组织应当强化投资者教育功能，健全会员投资者教育服务自律规则。中小投资者应当树立理性投资意识，依法行使权利和履行义务，养成良好投资习惯，不听信传言，不盲目跟风，提高风险防范意识和自我保护能力。2019年3月，中国证监会、教育部联合印发了《关于加强证券期货知识普及教育的合作备忘录》（以下简称《合作备忘录》），旨在学校教育中大力普及证券期货知识，推动全社会树立理性投资意识，提升国民投资理财素质，维护社会和谐稳定。2022年8月1日，《期货和衍生品法》正式施行，确立了期货交易者权益保护制度。

随着《意见》的深入贯彻和落实，我国中小投资者保护工作取得了积极成效，围绕期货交易者教育工作，期货市场的监管部门、自律组织与中介机构都深入进行了大量形式多样、内容丰富、卓有成效的工作。由中国期货业协会（以下简称"协会"）组织编写的本套《期货交易者教育系列丛书》，就是协会按照行政监管部门统一部署，贯彻落实期货交易者教育工作的重要措施之一，也是协会积极响应《关于加强证券期货知识普及教育的合作备忘录》要求，推动期货知识进校园、进课堂、纳入国民教育体系的切入点。本丛书是为期货交易者编写的一套普及性读物，以广大普通交易者为服务对象，兼顾了专业机构的需求，采取简单明了的问答体例，在语言上力争做到深入浅出、通俗易懂、可读性强。衷心地希望本丛书的出版能够为期货交易者了解期货市场、树立风险意识、理性参与期货交易提供有益的帮助。

在此，我们对所有在本丛书编写和出版过程中付出辛勤劳动的朋友表示衷心感谢。由于编写时间紧迫，书中错误和疏漏在所难免，恳请读者批评指正。

中国期货业协会

2024年8月

目 录

第一章　棕榈油产品与产业链基础知识 / 1

一、你对棕榈油了解多少？ / 1

二、棕榈油的理化指标有哪些？ / 5

三、油棕树有哪些生物学特性？ / 7

四、油棕树的运营管理中有哪些重要环节？ / 11

五、棕榈油初加工、分提与精炼的过程是怎样的？ / 12

六、棕榈油产品的仓储与物流方式有哪些？ / 14

七、工业棕榈油与油脂化工是怎样划分的？ / 15

八、什么是生物柴油？ / 15

自测题 / 19

参考答案 / 20

第二章　全球棕榈油生产、贸易与消费 / 21

一、全球棕榈油种植面积与产量发展趋势是怎样的？ / 22

二、印度尼西亚和马来西亚棕榈油产业概况是怎样的？ / 23

三、棕榈油主要进口国有哪些？ / 26

四、油棕产业发展前景是怎样的？ / 30

自测题 / 32

参考答案 / 33

第三章　我国棕榈油进口、消费与流通　/ 34

一、我国棕榈油进口数量及占比变动趋势是怎样的？　/ 34

二、我国进口的棕榈油有哪些细分品种？　/ 36

三、我国的棕榈油是从哪里进口的？　/ 37

四、我国棕榈油主要集散地及贸易流向是怎样的？　/ 38

五、我国棕榈油的主要下游产业有哪些？　/ 39

自测题　/ 39

参考答案　/ 40

第四章　棕榈油期货合约要点及相关规则介绍　/ 41

一、大马交易所棕榈油期货的历史、发展与现状是怎样的？　/ 42

二、大连商品交易所棕榈油期货合约要点有哪些？　/ 43

三、大连商品交易所棕榈油期货交易情况是怎样的？　/ 44

四、棕榈油期货交易风险控制细则要点有哪些？　/ 45

五、棕榈油期货交割质量要求与仓单管理要点有哪些？　/ 47

六、棕榈油期货交割方式及流程有哪些？　/ 49

七、我国棕榈油期货国际影响力如何？　/ 55

八、我国棕榈油期货合约有哪些相关规则？　/ 57

自测题　/ 58

参考答案　/ 59

第五章　影响棕榈油价格变动的主要因素　/ 60

一、棕榈油现货和期货的定价基准是怎样的？　/ 60

二、供需基本面对棕榈油行情有哪些影响？　/ 62

三、能源行情对棕榈油行情的影响机制有哪些？　/ 64

四、棕榈油对其他大宗植物油价差的波动是怎样的？　/ 64

自测题　/ 66

参考答案　/ 66

第六章 利用棕榈油期货进行风险管理 / 67

一、企业在期货市场中的定位是怎样的？ / 68

二、企业参与期货市场的目的是什么？ / 68

三、企业风险管理需求有哪些？ / 69

四、企业风险管理的方式有哪些？ / 70

五、套期保值有哪些案例？ / 74

六、套期保值的风险注意事项有哪些？ / 77

自测题 / 78

参考答案 / 79

第七章 棕榈油期权及期权交易入门 / 80

一、什么是棕榈油期权合约？ / 81

二、棕榈油期权交易有哪些规则？ / 84

三、棕榈油期权交易时如何做好风险管理？ / 87

四、期权交易适当性规则有哪些？ / 89

五、期权交易策略有哪些？ / 91

自测题 / 102

参考答案 / 102

后 记 / 103

第一章

棕榈油产品与产业链基础知识

> **本章要点**
>
> 本章共分为七个部分，介绍了棕榈油产品与产业链的基础知识。本章首先讲述了棕榈油的品种和用途、理化指标，以及油棕树的生物学特性；其次讲述了棕榈油的初加工、分提与精炼，以及加工环节中产出的各种下游细分产品间的数量关系；最后分析了棕榈油产品的仓储与物流方式，并对工业棕榈油和棕榈油生物柴油进行了专门的介绍。

一、你对棕榈油了解多少？

棕榈油（Palm Oil）是从油棕树的果实（油棕果，或称油棕果粒）的果肉中榨取出来的植物油。传统意义的棕榈油不包含从油棕果的果仁中榨取出来的棕榈仁油（Palm Kernal Oil）。

油棕树、油棕果串和油棕果粒见图1-1。

图1-1　油棕树、油棕果串和油棕果粒

资料来源：马来西亚棕榈油局（MPOB）。

棕榈油作为一种天然植物油脂，已被人类使用超过5000年。1870年，油棕树作为装饰性植物从西非传入马来西亚，1917年开始进行商业种植。20世纪60年代，马来西亚为了减少对橡胶和咖啡贸易的依赖，开始大规模提高棕榈油的产量。目前，全球棕榈油产量主要集中在印度尼西亚和马来西亚等国，东南亚、南美洲、非洲的很多国家也开始广泛种植油棕树，棕榈油产量逐年增长。

棕榈油不是一个严格的概念。大多数时候人们所说的棕榈油一般指食用精炼棕榈液油，它只是棕榈油产品链中的一种。从油棕果中初榨得到的产品是毛棕榈油（Crude Palm Oil，CPO），毛棕榈油经过精炼、分提可获得很多种理化性质和用途迥异的油脂产品。不同棕榈油细分产品的脂肪酸构成存在显著的差异，理化指标和用途也有不同。

棕榈油的各种细分品种的用途大致可分为家庭烹饪、食品工业、油脂化工、饲料和生物能源五类（见图1-2）。具体来说，棕榈油的用途包括但不限于：煎炸、烹调油脂、调和油的主要原料、起酥油、人造奶油和涂抹脂、糖果用脂、其他各种食品用途，如植脂末、肥皂、化妆品、蜡烛、洗涤剂及其他油脂化工产品等。

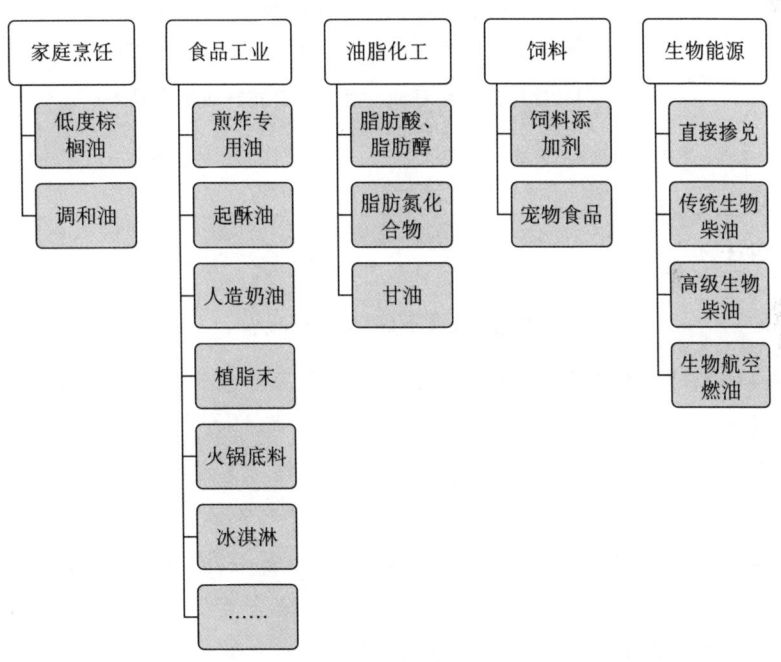

图1-2　棕榈油用途分类

从每年的产量和消费量上看，棕榈油是当仁不让的全球第一大植物油。棕榈油的单位面积产出量很高，是豆油、菜籽油和葵花籽油等品种的数倍（见图1-3）。著名诗人郭沫若先生曾为棕榈油赋诗："一亩能膏万口肠，油棕毕竟是油王。花生九倍差堪拟，椰子千枚难较量。"

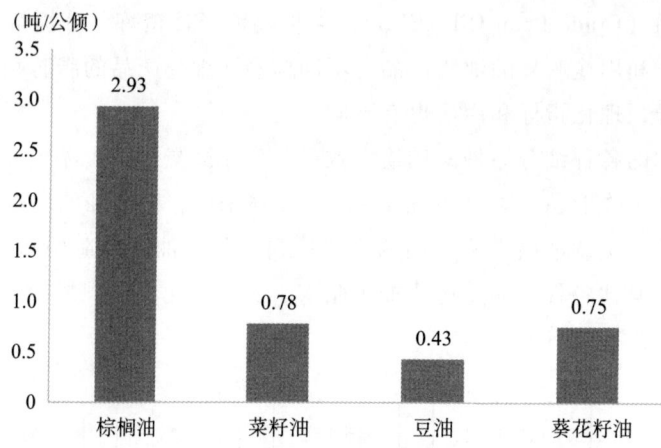

图1-3 棕榈油、菜籽油、豆油、葵花籽油年产量

数据来源：美国农业部海外农业司（USDA/FAS）、中泰期货研究所根据2022年全球数据整理。

> **小贴士**
>
> ### 棕榈油是不健康的油吗？
>
> 我们有时候会看到一些网络文章宣扬食用棕榈油及其制品会对健康造成危害，真的是这样吗？
>
> 事实上，棕榈油像其他普通的食用油一样是热量的来源，很容易被消化、吸收和利用，在欧洲、美国和亚洲被广泛食用。
>
> 棕榈油不含胆固醇。棕榈油中油酸的含量为50%，棕榈酸含量为30%，必需脂肪酸亚油酸含量为15%。棕榈油含有均衡的饱和与不饱和脂肪酸，比例为1:1。
>
> 油酸可以降低血液中总胆固醇和有害胆固醇的含量。它与不饱和脂肪酸最大的不同是，在降低总胆固醇、有害胆固醇的同时，却不降低有益胆固醇，从而维护了心脑血管的正常机能。
>
> 棕榈酸是植物性饱和脂肪酸，具有促进生长发育的作用，为青少年成长所需，同时也是特殊人群（如素食者）饱和脂肪酸的良好来源。
>
> 亚油酸是人体的必需脂肪酸，具有降低血脂、软化血管、降低血压、

促进微循环的作用，可预防或减少心血管病的发病率，能起到防止人体血清胆固醇在血管壁的沉积，有"血管清道夫"的美誉，具有防治动脉粥样硬化及心血管疾病的保健效果。

棕榈油富含天然维生素E（600ppm），其中抗氧化能力极强的生育三烯酚为350ppm，其他植物油如大豆油、菜籽油和葵花籽油一概不含生育三烯酚，而且有研究表明，生育三烯酚的抗自由基能力是维生素E的40～60倍。棕榈油是类胡萝卜素最丰富的天然来源之一，可以预防癌症，刺激免疫系统，抑制动脉粥样硬化和预防白内障。

棕榈油的起酥性好，热稳定性好，耐煎炸，油烟少，非常适合高温爆炒的中式烹饪。

由于棕榈硬脂及其他产品经常被用作工业用途，网络上一些不负责任的写手故意混淆概念，炮制出棕榈油不健康或者棕榈油是工业原料、不能被食用的论调来贩卖焦虑、吸引眼球，都是毫无根据的谣言。

二、棕榈油的理化指标有哪些？

1. 酸值。中和1克油脂中的游离脂肪酸所需氢氧化钾（KOH）的毫克数，单位是毫克氢氧化钾/克。

酸值常用以表示油脂缓慢氧化后的酸败程度。一般酸值大于6的油脂不宜食用。

2. 过氧化值。过氧化值表示油脂和脂肪酸等被氧化程度的一种指标。是1千克样品中的活性氧含量，以过氧化物的毫摩尔数表示，单位是毫摩尔/千克。

过氧化值衡量的是油脂酸败程度，用于说明样品是否因已被氧化而变质。一般来说，过氧化值越高其酸败就越严重。

3. 碘价。碘价也称为碘值，是每100克油脂所能吸收碘的质量，单位是克。植物油脂中所包含的脂肪酸有不饱和脂肪酸与饱和脂肪酸之分,其中的不饱和脂肪酸无论在游离状态还是与甘油结合成甘油酯时,都能在双键处与卤素起加成反应,因而可以吸收一定数量的卤素。

碘价的大小在一定范围内反映了油脂的不饱和程度。通过测定碘价,有助于了解油脂的组成是否正常、有无掺杂使假等。

4. 熔点、冷滤点与 SFC。熔点是指油脂由固态熔化成液态的温度,即固相和液相蒸气压相等时的温度。

一般情况下,纯净物在结晶时会有一个相对固定的熔点。而棕榈油是多种甘油酯的混合物,所以工业上很多时候会用冷滤点而非熔点的概念来描述棕榈油的低温特性。

冷滤点指的是油品在某一温度下,其部分成分开始析出晶体,产生视觉上的混浊,这个温度即定义为冷滤点。

与冷滤点相关的另一个概念是 SFC(Solid Fat Content),是指在一定温度下表现为固态的脂肪含量。天然的油脂在常温下一般都为固体油脂和液体油脂的混合物。

而观察棕榈油的 SFC 曲线,我们能够更直观地了解不同棕榈油产品在低温下的凝固过程(见图 1-4)。

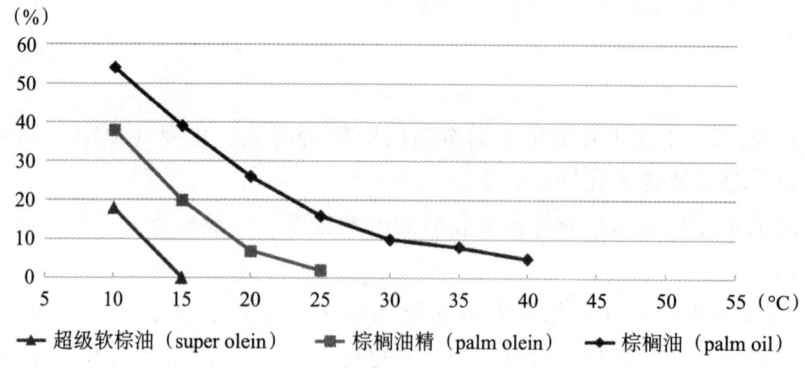

图 1-4 不同棕榈油产品的凝固过程

数据来源:马来西亚棕榈油局、中泰期货整理。

5. 色泽。油脂本身带有的颜色,主要来自油料中的油溶性色素。

棕榈油中含有天然的胡萝卜素,因此未充分精炼的棕榈油产品常呈现橙红色,有比较强的抗氧化性。在棕榈油的原产地非洲,当地人甚至有服用棕榈油来治疗疾病的传统。

红棕榈油,是人们通过特殊工艺在精炼过程中保留了较多胡萝卜素,使油体呈现出清澈明亮的鲜红色,其具有较高的营养价值和一定的保健功效。

6. 分提棕榈油质量指标。我国现行国标《GB 15680—2009 棕榈油》对分提棕榈油的质量指标作出如下要求(见表1-1)。

表1-1　　　　棕榈油的质量指标(国标《GB 15680—2009 棕榈油》)

项目	质量指标		
	棕榈液油	棕榈超级液油	棕榈硬脂
熔点(℃)	≤24	≤19.5	≥44
透明度	40℃澄清、透明	40℃澄清、透明	80℃澄清、透明
酸值(以氢氧化钾计)(mg/g)	≤0.20		≤0.40
过氧化值(mmol/kg)	≤5.0		
气味、滋味	具有棕榈油固有的气味、滋味、无异味		
色泽(罗维朋比色槽133.4mm)	≤黄30 红3.0		
水分及挥发物(%)	≤0.05		
不溶性杂质(%)	≤0.05		

在现货贸易中,棕榈油最为典型和重要的质量指标是熔点、酸值、过氧化值等,它们决定了棕榈油的低温凝固特性和品质。一些对品质有较高要求的终端可能会对碘值有一定的要求。

三、油棕树有哪些生物学特性?

(一)油棕树简介

油棕树是棕榈科油棕属乔木,同属棕榈科的另外一种被大众所熟知的植物是椰子树。从外观上看，油棕树和椰子树的外形相似度很高。

油棕雌雄同树，异花授粉。正常养护状态下，每棵树保持40~56片叶，不经修剪最多60片叶；老树每月长2~3片叶，新树每月长3~4片叶；叶片长度9米左右；树干中部至底部每圈16片叶。油棕树的雄花和雌花，以及雌花授粉后发育成的果串生长于树干最顶端新萌生的叶片的叶腋处。

（二）油棕树的品种分类

按照果核的厚度和果仁的大小进行区分，油棕树主要有三个品种。（1）杜拉（DURA）：果壳较厚（厚度为2~8毫米），没有纤维层；（2）比西夫拉（PISIFERA）：没有厚果壳，仅有纤维层包裹果核；（3）泰纳拉（TENERA也称DXP）：是DURA和PISIFERA两个品种的杂交品种，有中等厚度（0.5~4毫米）的果壳和紧贴果壳的纤维层。TENERA由于单产较高且果壳较薄比较适宜商业化种植。

（三）树高与单产和商业寿命的关系

油棕树的树干每年长高45~60厘米。一般情况下，产业里认为油棕树从播种出苗开始商业寿命为25年。由于油棕树的果串总是生长在树干的最高处，20~25年树龄的油棕树，树高一般都超过10米，树干太高导致收获作业的开展非常困难。此外，油棕树树龄较高时，单产会有所下滑。果串数量和重量较丰产期偏低。

由于油棕树是单子叶植物，根系比较浅，约1米，树干太高很容易发生倒伏，这也是树龄太大以后导致单产下降的原因之一。

（四）种植密度与排列方式

商业化的油棕种植园早期开发过程中，需要外购种子并育苗。苗期分为小苗期和大苗期，时长总共约一年。一年的育苗期完成后，树苗将被移栽到准备好的地块中去，每公顷的平均种植密度是136棵。油棕树在地块中的种植排列见图1-5。

油棕种植园一年四季，甚至每天都有收获，原因是油棕树的果串是螺旋式发育并依次成熟的，对于每个地块（Block，种植园一个最小的种植管理

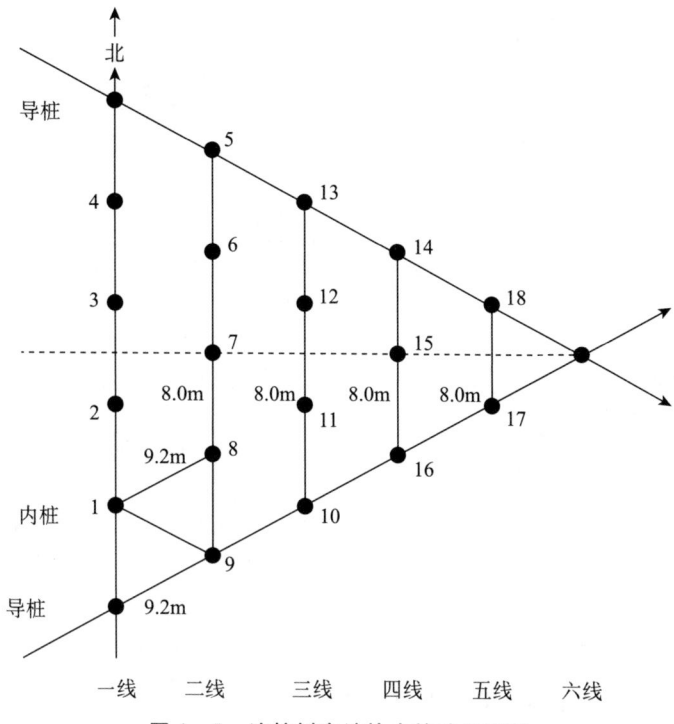

图 1-5 油棕树在地块中的种植排列

单位,一般面积为 15~30 公顷)来说,每天都会有新的已成熟的果串。收果工需要依照计划对指定地块的每棵油棕树定期巡视,及时收获符合标准的已成熟的果串。

(五) 树龄与单产

从种子萌芽开始计算,树龄达到第 3 年时油棕树开始开花结果。随着树龄的逐渐增长,果串数量和重量都在不断增加,使单产不断提高。树龄在 8~10 年时进入丰产期,随后十几年的时间进入常态化运营的阶段。当树龄达到或超过 25 年后,种植园可能会考虑翻种新树来替换掉商业价值显著衰减的老树(见图 1-6)。

油棕种植园的农业运营工作中至关重要的一个点是施肥。油棕的果串单产很高,如果没有比例科学、数量充足的肥料供给,高水平的单产是无法维持的。种植园会在接近雨季期的时候施肥,每年两次,第一次为 3 月至 4

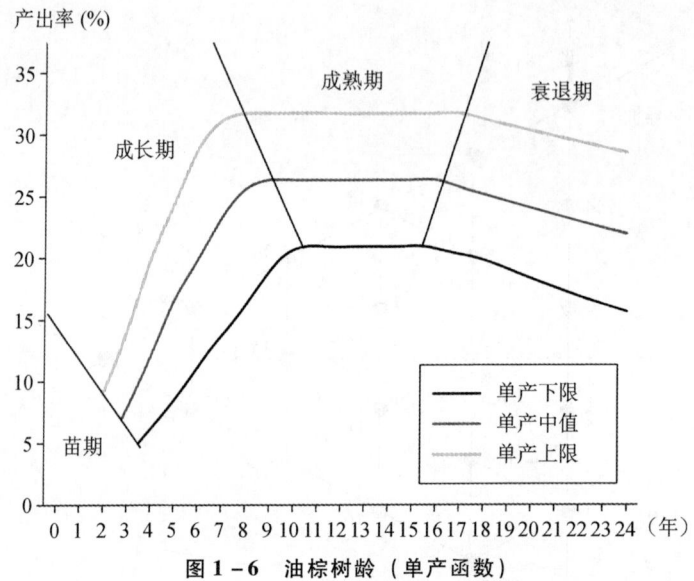

图 1-6 油棕树龄(单产函数)

月,第二次为 9 月至 10 月。

(六) 单产的季节性变化及其影响因素

油棕果串每月的单产数值经常表现出比较明显的以一年为周期的季节性波动规律。长久以来,产业里很多从业者都认为果串单产的季节性波动主要决定性因素是降水的季节性变化,一些观点认为降水的变化会延迟 6~7 个月反映到单产上,也有些观点认为这个反馈的滞后性要达到 11 个月左右。

这些观点的逻辑基础可能建立在油棕果串的发育周期上。油棕果串(FFB)发育时间周期见表 1-2。

表 1-2　　　　　　　油棕果串(FFB)发育时间周期

距离收获月份数(月)	发展阶段	是否关键
38	萌生	
24	抽穗	
22	确定每穗花数	
22	性别确定	√
12	雌花开花	

续表

距离收获月份数（月）	发展阶段	是否关键
12	雄花开花	
11	发育不良的花穗凋谢	√
8	果柄与果穗增重	
6	果串整体增重	√
5	果粒增重	
0	收获	

通过简单的数据对比分析我们发现，无论是6个月、7个月还是11个月，甚至其他的滞后月份数，我们都很难找到单产和降水量之间的比较显著的统计上的相关性（见图1-7）。

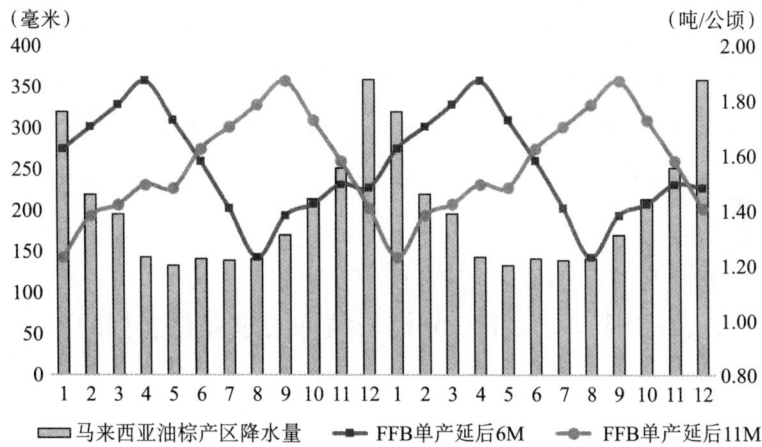

图1-7 油棕产区降水量及单产滞后月份相关统计

数据来源：MPOB、中泰期货研究所整理。

四、油棕树的运营管理中有哪些重要环节？

油棕树的农业运营管理中很多重要的环节，比如施肥、除草等都有很明显的季节性规律。而降水对植株生长和开花、授粉、果串发育等环节都有很大影响。比如连续下雨时，授粉虫媒的活动可能会受限，导致这个时间段内雌花的授粉概率降低。同时，植株的生长还与降水量、光照时间和温度等密切相关。从降水量这一个因素来看，其与单产的关系并不是线性的，适度充沛的降水有利于果串在关键发育期的增重，但过多的降水则会导致果串采摘困难，降低当月的单产。持续过多的降水如果使收获周期长时间延后，甚至可能会导致超熟果串比例大增，从而使游离脂肪酸含量大幅升高，在降低产品品质的同时也造成了额外的产量损失。

另外，我们在观察产地的降水量季节性变化规律时发现，马来西亚和印度尼西亚不同地区的降水季节性分布规律差异较大。如果分析时使用单产的全国加权平均数据，那么降水数据也要进行口径一致的处理。

总的来说，果串的单产确实存在季节性的变化规律，但这个规律的形成是诸多因素多种周期共同作用、叠加形成的。通过单个因素的异常来判断未来某个时间点或者较短的时间段内可能出现的单产异常表现，效果往往不会很理想。

五、棕榈油初加工、分提与精炼的过程是怎样的？

（一）毛油压榨

油棕鲜果串被工人收获后，一般要求在24小时内被运送至毛油压榨厂（CPO Mill）进行杀酵处理。原因是一般情况下收获后的果串中总会有果实受到挤压、碰撞和摩擦，这些损伤可能导致棕榈油中的游离脂肪酸（FFA）含量升高，影响毛油的品质和精炼得率。由于时效性要求较高，毛油压榨厂一般位于大型种植园内部，最大限度地保证短途物流的效率。

油棕鲜果串送入压榨厂后的第一个工作是称重和分级，分级根据相应的指导标准进行。称重和分级后油棕鲜果串被装入铁箱并进入杀酵罐，铁箱的容量为 1.5~10 吨。杀酵就是用高温蒸汽将果串蒸熟以达到脱离、软化果肉和抑制有害酶类活性的目的，杀酵罐内的温度为 140℃，杀酵时间为 75~90 分钟。

杀酵后的油棕鲜果串被送入转鼓，转鼓高速旋转将果实与果串分离，脱落的果实进入下一个加工环节，空果串一般会作为杀酵罐的燃料被烧掉，每100 吨油棕鲜果串约产生 22 吨空果串。杀酵后得到的果实被送入搅拌罐，果肉被打碎并进入压榨环节。

毛棕榈油采用物理压榨法进行压榨，压榨的压力要比较适中，保证能最大限度地压出果肉中的棕榈油并最小限度地不压碎果仁。初榨后的毛棕榈油中含有大量纤维素和泥浆，将这些杂质分离出去后得到毛棕榈油成品。其行业对毛棕榈油的质量要求是：游离脂肪酸（FFA）≤5.0%；泥土和杂质（M&I）≤0.255；杜比值（DOBI）≥2.3。

（二）精炼

初榨得到的毛棕榈油一般不直接进入消费环节，因为毛棕榈油存在以下缺点：(1) 存储周期短；(2) 气味难闻；(3) 颜色较深。同时，毛棕榈油的物理性质也不适合消费，主要是熔点太高且杂质含量较高。精炼的目的主要有：除臭、降低 FFA 含量、漂白、保留微量元素。

精炼的方法有两种：物理法和化学法。化学法包括脱胶、脱酸、漂白和脱臭四个工序。物理法没有中和这个步骤，脱臭的步骤是在真空的条件下加入蒸汽来脱酸。化学法与物理法比较起来，后者因成本和损耗较低，在生产实践中的应用更广泛。

毛棕榈油（CPO）精炼后可得到的两种产品是精炼棕榈油（RBD/NBD Palm Oil）和棕榈酸化油 PAO（Palm Acid Oil）。

行业对精炼棕榈油（RBD PO）的质量要求是：游离脂肪酸（FFA）≤0.1%；泥土和杂质（M&I）≤0.1%；IV（Wijs）（碘价）：50~55；熔点（MP/℃）：33~39；色值（Colour）：红色 3~6。

（三）分提与细分产品树杈图

得到了精炼棕榈油以后，可以通过分提进一步得到更多的细分产品。对精炼棕榈油进行分提是指通过结晶和过滤得到精炼棕榈油（RBD Palm Olein）和精炼棕榈硬脂（RBD Palm Stearin）两种产品的过程。比较常见的分提方案见图1-8。

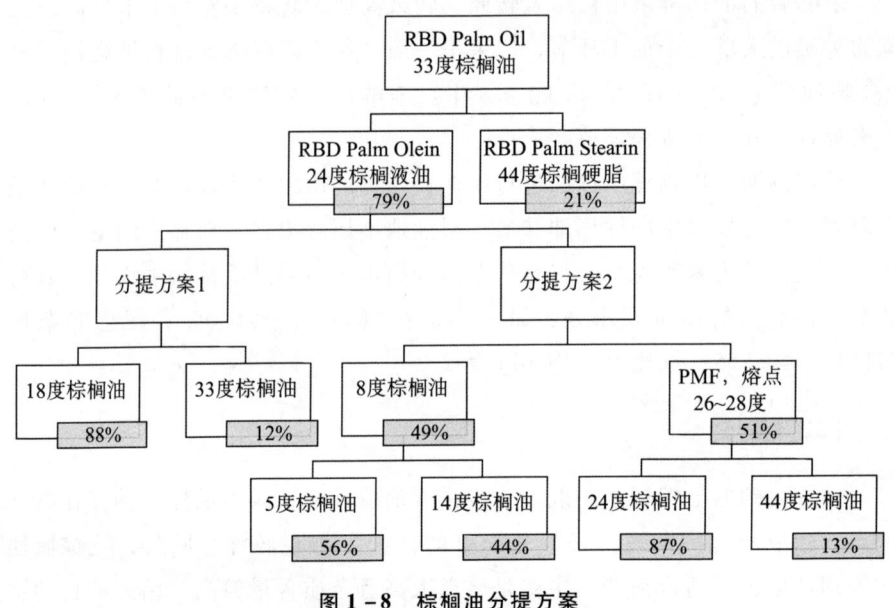

图1-8 棕榈油分提方案

六、棕榈油产品的仓储与物流方式有哪些？

棕榈油的仓储与其他植物油大同小异。尽管大多数棕榈油产品的熔点较高，但因为棕榈油的原产地集中于热带地区，所以毛油压榨厂和大多数位于产地的精炼厂都使用单层常温油罐对棕榈油产品进行保管。

棕榈硬脂准备发往中国北方以及纬度更高的地区时，驳船一般会配备加温设备。在装卸时加温设备与码头的高温蒸汽管道预先接驳加温，待油品的流动性达到标准后放可卸船、泵入油罐。相应的罐体一般也配备了保温材料和加温设备。

在国际贸易中,产地发运棕榈油一般使用容量为1万~1.2万吨的槽罐船进行运输,也有少量长途航线使用更大仓容的槽罐船。少数包装油、特油产品使用集装箱运输。棕榈油较少使用大型液袋运输。

在我国的内贸实践中,低度棕榈油一般使用罐车进行运输。

七、工业棕榈油与油脂化工是怎样划分的?

近些年,棕榈油的工业消费在总消费中的占比越来越高。工业棕榈油一般分为两个方向:油脂化工和生物柴油。

其中,使用棕榈油为原料生产加工油脂化工产品一般主要的下游产品包括脂肪酸、脂肪酸酯、脂肪醇、甘油等。棕榈脂肪醇,是一种重要的脂肪醇,常被用作生产表面活性剂、乳化剂和润滑剂。

八、什么是生物柴油?

生物柴油产品的研究与开发最开始于20世纪70年代。20世纪90年代,随着环境保护意识的提高和传统能源产品价格的高涨,各国政府开始采取优惠政策以支持可再生能源的使用。按照原料和制取方法的不同,生物柴油可分为传统生物柴油和高级生物柴油两类。

1. 传统生物柴油（Conventional Biodiesel）

"生物"是相对于石化柴油而言的,是一种可再生的生物资源;"柴油"指的是它可用于柴油发动机。生物柴油作为一种替代性燃料,它能够以纯态或与石化柴油混合使用。

美国材料与试验协会（American Society for Testing and Materials，ASTM）将生物柴油的概念界定为：从可再生脂质资源，如植物油或动物脂中得到的长链脂肪酸烷基单酯，组成的燃料。

以上所说的用动植物油脂、甲醇酯交换得到的脂肪酸甲酯被称为第一代生物柴油或传统生物柴油。

2. 高级生物柴油（Advanced Biodiesel）

近些年，一些新技术的产生使人们能够制造出动力性更强、成分接近石化柴油的生物柴油，其成分主要由正构烷烃、异构烷烃组成，这种生物柴油被称为第二代生物柴油或高级生物柴油。

由于动力更加强劲，长期来看高级生物柴油代替传统生物柴油是大势所趋，不过目前由于技术尚不成熟，高级生物柴油的工业化生产的数量几乎为零。目前生产量和消费量最大的生物柴油还是传统生物柴油。

高级生物柴油分为两种：氢化油脂（BVO）和液化生物质柴油（BtL diesel）。

不同的国家/地区会就地取材，使用不同的原料来生产生物柴油。作为棕榈油的主产国，印度尼西亚和马来西亚使用棕榈油作为原料来生产生物柴油（见表1-3）。

表1-3　　　　　　　　不同国家/地区生产生物柴油原料一览

国家/地区	主要原料	国家/地区	主要原料
美国	豆油	欧盟-27国	菜籽油
巴西	蓖麻油、豆油	危地马拉	麻风果油
中国	地沟油、植物油	菲律宾	椰子油、麻风果油
印度	麻风果油	泰国	麻风果油、棕榈油
南非	豆油	印度尼西亚、马来西亚	棕榈油

为了降低化石能源的对外依赖度和进一步加强其国内市场消费结构的多元化，近些年来印度尼西亚和马来西亚不断提高生物柴油的产量年度预算量和在成品油中的添加比例，并设定了逐步提高生物柴油掺兑比例的长期目标（见表1-4）。

表1-4　　　　　　印度尼西亚2016—2050年成品油掺兑目标

分类	指标	2016年	2025年	2050年
生物柴油	掺兑比例（%）	20	30	30
	掺兑量	2.5	6.9	17.1
生物乙醇	掺兑比例（%）	5	20	20
	掺兑量	0.1	2.6	11.4
生物航空燃油	掺兑比例（%）	2	5	10
	掺兑量	0.0	0.1	2.7

资料来源：印度尼西亚总统令，2017年第22号。

马来西亚生物柴油掺兑目标及实施情况见表1-5。

表1-5　　　　　马来西亚生物柴油掺兑目标及实施情况

项目	民用交通部门		工业部门	
	计划	实施	计划	实施
B5	2008年	2014年（全国）	无	无
B7	2015年1月1日	2016年（全国）	2019年初	2019年7月
B10	2019年初	2019年2月1日	无	无
B20	2020年	待定	无	无

目前，生物柴油的产量和消费量已经很大，在印度尼西亚和马来西亚消费端中占的比重也很大，如表1-6、表1-7所示。

表1-6　　　　　　　印度尼西亚生物柴油供需平衡

年度	2017年	2018年	2019年	2020年	2021年	2022年
期初库存（百万升）	110	152	258	294	329	390
产量（百万升）	2800	5600	7700	8500	9550	10300
进口（百万升）	0	28	0	0	0	0
出口（百万升）	187	1.772	1.271	39	193	200
消费（百万升）	2572	3750	6393	8426	9296	10100
期末库存（百万升）	152	258	294	329	390	390

续表

年度	2017年	2018年	2019年	2020年	2021年	2022年
产能						
工厂数量（百万升）	32	31	31	31	32	33
名义产能（百万升）	11547	11357	11357	11357	14415	16656
产能利用率（%）	24.2	49.3	67.8	74.8	66.3	61.8
原料消耗量						
毛棕榈油（千吨）	2576	5152	7084	7820	8786	9476
分渠道消费量						
生物柴油（道路交通）（百万升）	1963	2982	5238	7341	7945	8184
石化柴油（道路交通）（百万升）	23877	24984	26753	25255	27752	28585
掺兑比例（%）	8.2	11.9	19.6	29.1	28.6	28.6
成品柴油总量（百万升）	31441	33268	33169	31230	34728	35770

资料来源：印度尼西亚能源与矿产部。

表1-7　　　　　马来西亚生物柴油供需平衡

年度	2018年	2019年	2020年	2021年	2022年
期初库存（百万升）	150	155	405	444	463
产量（百万升）	1100	1778	1249	1197	1150
进口（百万升）	0	0	0	0	0
出口（百万升）	560	663	412	315	463
消费（百万升）	535	865	798	863	955
期末库存（百万升）	155	405	463	410	248
产能					
工厂数量（百万升）	15	19	19	18	18
名义产能（百万升）	2.174	2.321	2.426	2.535	2.535
产能利用率（%）	50.6	76.6	51.5	47.2	45.4
原料消耗量					
毛棕榈油（千吨）	1012	1635	1149	1101	1059

第一章 棕榈油产品与产业链基础知识　19

续表

年度	2018 年	2019 年	2020 年	2021 年	2022 年
分渠道消费量					
生物柴油（道路交通）（百万升）	535	745	665	720	798
生物柴油（工业用途）（百万升）	0	120	133	143	157
石化柴油（道路交通）（百万升）	7.639	7.447	6.637	7168	7.605
掺兑比例（%）	7.0	10.0	10.0	10.0	10.5
成品柴油（百万升）	10.913	9.482	10240	10.240	10.864

资料来源：马来西亚棕榈油局、马来西亚生物柴油协会。

自测题

一、不定项选择题

1. 棕榈油是从油棕果串的果粒的（　　）中榨取的得到的。
   A. 果皮　　　　B. 果肉　　　　C. 果仁　　　　D. 果壳

2. 油棕鲜果串被工人收获后，一般要求在 24 小时内被运送至毛油压榨厂进行（　　）处理。
   A. 杀菌　　　　B. 发酵　　　　C. 杀酵　　　　D. 干燥

3. 毛棕榈油被精炼后得到的直接下游产品是（　　）。
   A. 精炼棕榈油　　　　　　　B. 精炼棕榈液油
   C. 超级棕榈液油　　　　　　D. 精炼棕榈硬脂

4. （　　）的植物油可作为生产生物柴油的原料。
   A. 棕榈油　　　B. 豆油　　　C. 菜籽油
   D. 地沟油　　　E. 椰子油

二、判断题

1. 棕榈油是多种甘油酯的混合物，所以工业上很多时候会用冷滤点而非熔点的概念来描述棕榈油的低温特性。　　　　　　　　　　　（　　）

2. 油棕是雌雄同树，异花授粉。（ ）

3. 在我国北方地区运输棕榈油时，驳船无须配备加温设备，装卸时可无视油品的流动性直接利用高压将油品泵入油罐。（ ）

参考答案

一、不定项选择题

1. B　　2. C　　3. A　　4. ABCDE

二、判断题

1. √　　2. √　　3. ×

第二章

全球棕榈油生产、贸易与消费

本章要点

本章主要介绍了全球棕榈油市场中主产国和主要进口国棕榈油生产及消费的历史、发展和现状。棕榈油的主产国比较集中,主要是位于东南亚的马来西亚和印度尼西亚。马来西亚曾经是全球第一大棕榈油主产国和出口国,然而近些年印度尼西亚的种植面积及产量不断增加,后来居上。棕榈油的主要进口国家和地区则比较分散,印度、中国、欧盟、美国和其他很多国家和地区均有进口。

为了促进油棕产业持续健康发展,相关部门推出了几种认证体系,棕榈油产业的参与者们,包括生产商、精炼厂及其他加工企业,为了获得可持续认证而必须满足相关的要求。我们在本章的最后一部分对这几种认证体系进行介绍。

一、全球棕榈油种植面积与产量发展趋势是怎样的？

全球油棕树种植面积主要集中于亚洲（东南亚）和西非地区。2022年这两个地区占世界油棕树种植面积的比重为86%，其中仅亚洲的印度尼西亚、马来西亚和泰国三国的种植面积占世界油棕树种植面积的比重就达到了75%。

油棕种植面积如此集中是由油棕的生物学特性决定的：全球的油棕种植区域，最高与最低温度的差异较大。油棕的最佳生长与产量要求平均月温度为29℃~32℃，最低温度范围为22℃~24℃。建议最低温度为18℃。15℃时树苗停止生长，在15℃和最适宜温度28℃之间树苗的生长速度慢慢提高。当温度低于-3℃时，树苗会受到初次伤害，当温度为-3℃时，树苗的叶片会出现严重冻结，大量死亡。所以，一般情况下油棕树的主产区位于赤道两侧的南北纬5°以内的区域。超出这个区域进行油棕种植园的开发和运行的生产效率和经济性都会大打折扣（见表2-1）。

表2-1　　　　　　　　　　油棕树阳光照射的时间

每年总光照时数（小时）	每日平均光照时数（小时）	潜在产量（%）
1000	2.7	60
1250	3.4	65
1500	4.1	75
1750	4.8	85
2000	5.5	95
2250	6.2	100

近50年来，全球油棕的种植面积和产量快速持续增加。1961—1983年，油棕树全球种植面积稳步增长；1983年以后，油棕树全球种植面积增长速度加快，截至2022年，油棕树种植面积已经接近2700万公顷，这个数

字是 2000 年的 2 倍。世界油棕树种植面积的扩大与 1973 年和 1979 年发生的两次石油危机所导致的全球大宗商品原材料上涨有一定的关联性，但更主要的原因是油棕作为一种经济作物来说，具有极高的种植收益和产出效率（见图 2-1）。

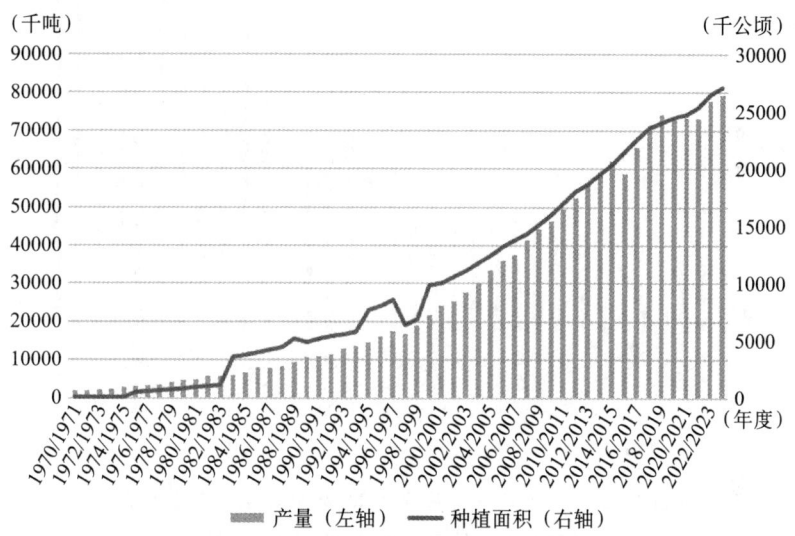

图 2-1　1970/1971 年度至 2022/2023 年度全球油棕种植面积和棕榈油年度总产量

数据来源：美国农业部、中泰期货研究所整理。

二、印度尼西亚和马来西亚棕榈油产业概况是怎样的？

1870 年，油棕树作为一种装饰物从西非传入马来西亚，直到 1917 年才进行第一次商业种植。20 世纪 60 年代，马来西亚为了减少对橡胶和咖啡贸易的依赖，开始大规模提高棕榈油的产量。目前，全球棕榈油产量主要集中在印度尼西亚和马来西亚等国，东南亚、南美洲、非洲很多国家也开始广泛种植油棕树，棕榈油产量逐年增长。不过，西非及其他国家的棕榈油主要以自产自销为主，其出口量在全球棕榈油国际贸易市场中几乎可以忽略不计，印度尼西亚和马来西亚的出口量占比达90%（见图2-2）。

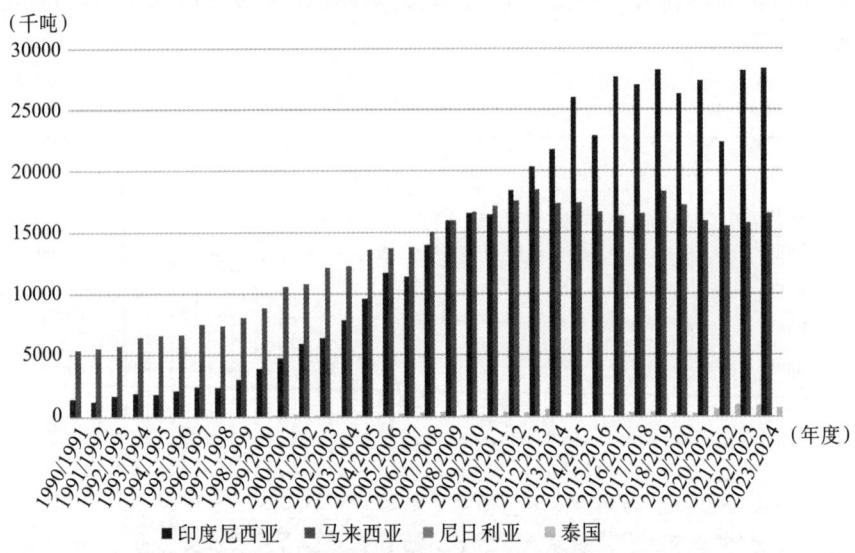

图2-2　1990/1991年度至2023/2024年度印度尼西亚、马来西亚、尼日利亚和泰国出口量对比

数据来源：美国农业部、中泰期货研究所整理。

1960年，马来西亚油棕树总种植面积仅为55万公顷，为了克服本国经济对橡胶和锡产业的依赖，马来西亚政府大力推行农业多样化政策，油棕桐行业得到飞速发展，总种植面积呈现大幅度增长。1960—1980年，马来西亚的油棕树种植面积开始扩张，特别是第一次世界石油危机之后，其种植面积基本呈直线上升趋势。1980年，马来西亚总种植面积为100万公顷，2022年，已经达到550万公顷。

目前，马来西亚正面临可供种植油棕树土地稀缺及单产提高有限的问题，其产量维持稳定增产态势。印度尼西亚和马来西亚拥有相似的气候条件，因此，除了种植椰子树、橡胶和可可豆外，也可以种植油棕树。油棕树具有更高的经济价值，这一点从近几十年上述几种重要的经济作物种植面积的变化趋势就可以得到验证（见表2-2）。

表 2-2　　　印度尼西亚天然橡胶、可可豆、椰子、油棕果种植面积

单位：千公顷

日期（年）	天然橡胶	可可豆	椰子	油棕果
1965	1500	2	278	59
1970	1500	4	310	150
1975	1700	17	337	386
1980	1615	35	354	777
1985	1535	113	315	1201
1990	1614	298	316	1746
1995	1689	190	249	2540
2000	1431	76	190	3377
2005	1271	34	175	4051
2010	1020	20	106	4854
2015	1074	18	73	4859
2020	1139	6	75	5232

数据来源：联合国粮农组织数据库、中泰期货研究所整理。

1911 年，印度尼西亚在其东海岸的苏门答腊岛开始商业油棕种植。印度尼西亚的油棕树种植面积扩大始于 20 世纪 80 年代中期。1985 年以后，印度尼西亚的油棕树种植面积不断增加；2000 年印度尼西亚的油棕树种植面积已经达到 560 万公顷，从 20 世纪 90 年代以来印度尼西亚种植面积的扩张速度远远超过马来西亚。

目前，印度尼西亚的油棕种植园主要分布在苏门答腊岛和加里曼丹岛。印度尼西亚潜在的可用于种植油棕树的土地面积还比较多，未来印度尼西亚棕榈油产量仍将呈现稳定增长的态势，但主要体现在单产的提高。近些年，国际社会对当地生态环境保护的呼声越来越高，要求也越来越多。印度尼西亚政府出台了一系列法律和政策来限制农业开发对雨林和泥潭地的破坏，可供开发的"白地"已经不多了。

三、棕榈油主要进口国有哪些?

目前,棕榈油每年的国际贸易量近5000万吨,主要的出口目的地大多分布在亚洲,其次是欧盟和美国。按年度进口量排序,全球第一大棕榈油进口国/地区是印度,其次是中国,第三是欧盟(见表2-3)。

表2-3　　　　　　　　全球棕榈油进口国排序

序号	国家/地区	2020/2021年度	2021/2022年度	2022/2023年度
1	印度	8411	8004	9900
2	中国	6818	4387	6500
3	欧盟	5970	4979	5050
4	巴基斯坦	3500	2824	3700
5	美国	1576	1588	1825
6	孟加拉国	1285	1339	1610
7	埃及	1127	1196	1150
8	菲律宾	1188	1177	1150
9	肯尼亚	839	789	1000
10	缅甸	865	642	950

数据来源:美国农业部海外农业服务局、中泰期货研究所整理。

(一)印度

印度是目前全球第一大棕榈油进口国,其年度棕榈油产品进口总量可达惊人的近1000万吨。作为一个人口大国、植物油的消费大国,印度每年需要进口大量的食用植物油,主要是棕榈油、豆油和葵花籽油,而棕榈油依靠成本优势,成为印度进口量最大的植物油品种(见表2-4)。

表 2-4　　2018/2019 年度至 2022/2023 年度印度植物油进口量　　单位：千吨

日期（年度） 植物油品种	2018/2019	2019/2020	2020/2021	2021/2022	2022/2023
棕榈油	9710	7398	8411	8004	9900
豆油	3000	3626	3251	4231	3650
葵花籽油	2328	2514	1958	1956	2800

数据来源：美国农业部海外农业服务局、中泰期货研究所整理。

为了减少对植物油进口的依赖度，2021 年，莫迪政府推出了一个"食用油—棕榈油五年计划"（NMEO-OP），计划将于 5 年内使用财政支出共计 110.4 亿印度卢比用来支持和促进其本国的油棕树种植。补贴将主要用于向农民提供种子，并设立新鲜果串（FFB）的保底收购价格。

NMEO-OP 政策强调增加东北部各州以及安达曼和尼科巴群岛的油棕种植面积，这些地区的降雨量和温度最适合油棕种植。按照该计划，印度本国种植的油棕树将于 2020/2021 年度开始产果，产量逐渐增加，到 2025/2026 年度，收获面积将增加 65 万公顷，总收获面积达 100 万公顷。计划到 2025/2026 年度将毛棕榈油（CPO）产量提高到 112 万吨，到 2028/2029 年度将毛棕榈油产量提高到 280 万吨。NMEO-OP 政策目前已在 15 个邦和中央直辖区实施。

同时，印度政府经常会调整进口植物油的关税，旨在以此平抑其本土的植物油价格波动（见表 2-5）。

表 2-5　　印度植物油产品进口税率调整（2021—2023 年）　　单位：%

日期 植物油品种	2021 年 6 月 30 日	2021 年 8 月 20 日	2021 年 9 月 11 日	2021 年 10 月 14 日	2021 年 12 月 20 日	2022 年 2 月 13 日	2022 年 5 月 24 日	2023 年 4 月 1 日
毛棕榈油	30.25	30.25	24.75	8.25	8.25	5.5	5.5	5.5
精炼 24 度棕榈油	41.25	41.25	35.75	19.25	13.75	13.75	13.75	13.75
精炼 33 度棕榈油	41.25	41.25	35.75	19.25	13.75	13.75	13.75	13.75
毛豆油	38.5	30.25	24.75	5.5	5.5	5.5	0	5.5

续表

植物油品种＼日期	2021年6月30日	2021年8月20日	2021年9月11日	2021年10月14日	2021年12月20日	2022年2月13日	2022年5月24日	2023年4月1日
精炼豆油	49.50	41.25	35.75	19.25	19.25	19.25	19.25	19.25
毛葵油	38.5	30.25	24.75	5.5	5.5	5.5	0	5.5
精炼葵油	49.5	41.25	35.75	19.25	19.25	19.25	19.25	19.25
毛菜油	38.5	38.5	38.5	38.5	38.5	38.5	38.5	38.5
精炼菜油	49.5	49.5	49.5	49.5	49.5	49.5	49.5	49.5

数据来源：美国农业部海外农业服务局、中泰期货研究所整理。

（二）欧盟地区

欧盟地区不生产棕榈油，其棕榈油的消费全部依靠进口来满足，其每年的进口量在500万吨左右，比较稳定。欧盟棕榈油主要进口自印度尼西亚和马来西亚，同时有近10%的份额来自拉丁美洲的危地马拉。欧盟进口的棕榈油工业用途和食用用途占比基本对等，其中工业用途中绝大部分用作生产生物柴油（见表2-6）。

表2-6　2021/2022年度至2023/2024年度欧盟地区植物油进口量

单位：百吨

项目	2021/2022年度	2022/2023年度	2023/2024年度
期初库存	58.8	24.4	28.4
产量	0	0	0
进口量	497	505	485
出口量	18.4	17	16
工业用量	250	226	216.5
食物使用	245	243	241
食物废弃物	18	15	13
总计	513	484	470.5
期末库存	24.4	28.4	26.9

数据来源：美国农业部海外农业服务局、中泰期货研究所整理。

欧盟一直在倡导减少初榨植物油用作生物燃料的生产，同时增加废油、动物脂肪和植物油精炼副产品的比例。在政策上，从废油脂生产的生物燃料在许多成员国的掺混指令中都被重复计算从而给予生产商更优渥的补贴政策。

棕榈油在欧盟市场使用也受到来自高风险间接土地利用变化（ILUC）作物的生物燃料的逐步淘汰的影响。根据欧盟可再生能源指令 II（REDII）和欧盟授权法案 2019/807，高风险 ILUC 生物燃料的使用上限为 2019 年的水平。目前，这个政策计划在 2030 年之前逐步淘汰高风险 ILUC 生物燃料。

一些国家已提前宣布彻底淘汰使用棕榈油为原料来生产生物柴油，包括法国、奥地利、比利时和荷兰。2021 年，法国政府确认，所有以棕榈油为基础产品生产的生物燃料均不享受税收优惠。奥地利、比利时、德国和荷兰也紧随其后调整了棕榈油相关优惠政策。

在欧盟，棕榈油由于饱和脂肪酸含量高而被广泛认为是不健康的，食品制造商将不含棕榈油作为产品包装上的一个关键卖点。所以，随着其他油脂类产品供应的增加，棕榈油的食品使用量将呈下降趋势。

除了可感知的健康益处外，可持续性认证是食品市场接受度的另一个重要因素。荷兰、比利时、德国、意大利、法国、丹麦和瑞典的私营部门同意确保到 2020 年欧洲提供经过全面认证的可持续棕榈油供应。2021 年，93%的欧洲进口棕榈油获得了可持续认证。

作为《欧洲绿色协议》的一部分，欧盟于 2022 年 12 月达成一项法规协议，旨在防止导致森林砍伐的产品进入欧盟市场。欧盟委员会目前正在进行影响评估，但已将大豆和棕榈油及其衍生产品确定为可能纳入未来立法提案范围的商品。一些发展中国家已致函欧盟委员会，表示它们将针对该立法提起诉讼。作为回应，马来西亚宣布可能停止向欧盟出口棕榈油。

四、油棕产业发展前景是怎样的？

一些观点认为油棕产业的发展，尤其是在开发阶段存在诸多"原罪"，比如对原始生态平衡的破坏和原住民生活的影响等。同时，对从业者及其家属各方面的保障、周边的小种植户的利益、与周边自然和社会环境的和谐共存等，均是油棕产业运营过程中始终需要关注的重要问题。

正如可持续棕榈油圆桌会议（RSPO）所说："RSPO致力于推动市场转型，使可持续棕榈油成为常态。作为一个可持续棕榈油全球性多利益相关方倡议，我们将棕榈油行业的利益相关方联合起来发展和完善可持续棕榈油的全球标准。"为了督促油棕产业持续健康发展，人们推出了几种认证体系，棕榈油产业的参与者们，主要包括生产商、精炼厂及其他加工企业，为了获得可持续认证而必须满足相关的要求。

在大多数的认证机制中，认证机构或者类似审计、检查的人员通过逐项核对是否符合标准中列出的指标来确定认证主体是否达标。认证机制的目的是经过认证的生产商和产品可以获得市场优势，并通过提高整个行业的标准来促进产业发展的可持续性。

常见的棕榈油可持续认证包括以下三种。

（一）可持续棕榈油圆桌会议

为响应全球范围对发展可持续棕榈油的迫切要求，可持续棕榈油圆桌会议（RSPO）于2004年成立。RSPO的成员覆盖棕榈油产业链的七个领域的利益相关方，包括油棕种植者、加工商和贸易商、消费品制造商、零售商、银行/投资者，以及环境和社会非政府组织，共同实施和推动全球可持续棕榈油标准。

RSPO在近些年强化了其认证标准。根据新的规定，经过认证的生产商不能砍伐森林或在泥炭地上开发新的种植园。新标准还加强了对人权捍卫者、工人和社区权利的保护。要获得认证,申请者必须符合标准的所有关键指标。RSPO 每年对其认证主体进行审计,并每五年进行一次更全面的评估。

RSPO 在全球拥有 5400 多名成员,代表着棕榈油供应链的所有环节,一同促进可持续棕榈油产品的生产、采购、融资和使用。推动市场转型,使可持续棕榈油成为常态。

RSPO 秘书处现设在马来西亚的吉隆坡,并在雅加达、伦敦和北京等设有联络办公室。

(二) 马来西亚可持续棕榈油

马来西亚可持续棕榈油(MSPO)认证计划是马来西亚的国家计划,旨在根据 MSPO 标准的要求对油棕榈种植园、独立的和有组织的小农场以及棕榈油加工设施进行认证。MSPO 认证的执行机构是马来西亚棕榈油认证委员会(MPOCC)。

MSPO 的目标是"创建、维护和管理一项基金,用于在马来西亚建立和运营可持续棕榈油认证计划"。

在当前的 MSPO 方案下,有三个单独的标准,即:1. MSPO 2530 - 2:面向独立的小种植户;2. MSPO 2530 - 3:面向油棕种植园和有一定规模的种植户;3. MSPO 2530 - 4:面向棕榈油加工企业。

(三) 印度尼西亚可持续棕榈油

印度尼西亚可持续棕榈油体系(ISPO)是印度尼西亚农业部在 2009 年推出的认证体系,旨在提高棕榈油在全球市场的竞争力。ISPO 制定的一系列的规定,表明了印度尼西亚对减少温室气体排放和特别关注环境问题的承诺。

自 2011 年起,ISPO 认证已成为印度尼西亚所有油棕种植园的强制认证,并将于 2025 年 11 月之前强制要求所有油棕种植户,包括中小型农户通过此认证。

除了上述三个认证体系以外,产业中还有棕榈油创新集团(POIG)、可持续生物材料圆桌会议(RSB)、国际可持续发展与碳认证(ISCC)等其他与油棕产业可持续发展相关的认证体系。

人们推出这些认证体系的初衷都是好的,在缺乏严格有效的法律和监管的情况下,各种认证是促进棕榈油行业健康、持续发展的重要保障。然而,这些体系是否能够帮助产地的人们摆脱贫困或保护自然环境和生物多样性可能还存在一些疑问。有一些研究结果表明,在某些地区,获得了相关可持续认证的油棕种植区内的森林损失甚至高于未经认证的地区。

自测题

一、不定项选择题

1. 印度尼西亚现在种植面积最多的经济作为是( )。
   A. 可可　　　　　　　　　　B. 橡胶
   C. 椰子　　　　　　　　　　D. 油棕树
2. 印度尼西亚油棕树种植面积最多的两个岛是( )。
   A. 苏门答腊　　　　　　　　B. 加里曼丹
   C. 苏拉威西　　　　　　　　D. 巴布亚
3. 常见的棕榈油可持续认证包括( )。
   A. RSPO　　　　　　　　　　B. MSPO
   C. ISPO　　　　　　　　　　D. RSB

二、判断题

1. 一般情况下油棕树的主产区位于赤道两侧的南北纬5°以内的区域。超出这个区域以外进行油棕种植园的开发和运行的生产效率和经济性都会大打折扣。　　　　　　　　　　　　　　　　　　　　( )
2. 欧盟国家除了从印度尼西亚和马来西亚进口棕榈油以外,也会从南美进口一部分棕榈油。　　　　　　　　　　　　　　　　( )

参考答案

一、不定项选择题

1. D   2. AB   3. ABCD

二、判断题

1. √   2. √

第三章

我国棕榈油进口、消费与流通

> **本章要点**
>
> 本章详细介绍了我国棕榈油现货市场的基本情况。主要内容包括我国棕榈油进口量的规模、近些年来的变动趋势以及进口数量变化背后的政策调整和市场发展；我国进口棕榈油产品的细分品种数量结构及其用途；进口来源（分国别）；国内棕榈油现货的主要集散地和内贸的贸易流向，国内棕榈油贸易和现货经营企业的基本情况等。

一、我国棕榈油进口数量及占比变动趋势是怎样的？

棕榈油作为全球消费量最大的食用植物油，其在食品工业消费领域具有重要的地位。在最近的 20 年里，我国对棕榈油的食用需求和工业需求持续增加，棕榈油进口量大幅上涨。目前，棕榈油已成为我国仅次于豆油和菜籽油的第三大植物油消费品种，也是我国进口量最大的食用植物油品种。

由于我国气候不适宜商业化种植油棕树，国内棕榈油供应几乎完全依赖于进口。随着我国经济的发展，食品和化工行业对棕榈油需求不断增加。此外，我国棕榈油分提技术的不断提高，也使国内厂商进口棕榈油的积极性不断提高。

从海关总署的数据来看，2000 年我国棕榈油进口量 139 万吨，2002 年我国植物油实行进口关税配额管理制度，棕榈油配额内关税由原来的 10% 降为 9%，当年国内棕榈油进口量超过 200 万吨，同时棕榈油配额数量逐年增加。

2006 年 1 月 1 日开始，我国放开了对棕榈油进口的管制政策，取消其进口关税配额管理，对豆油、棕榈油（棕榈硬脂除外）、菜籽油实行自动进口许可证管理。在取消进口植物油关税配额之后，棕榈油进口环境趋于宽松，到 2009 年我国棕榈油进口量超过 500 万吨，并在 2012 年达到 523 万吨。

在 2012 年的进口高峰过后，我国棕榈油的进口量进入到缩减期，直到 2017 年进口量才回归涨势。经过 2017 年、2018 年的稳步恢复，到 2019 年，我国棕榈油进口量呈快速增长态势，2019 年进口量达 561 万吨，创历史新高。2020 年开始，随着国际棕榈油价格的大幅上涨，国内棕榈油进口总量相对高峰期有所减少，但其在我国的植物油进口和消费领域依然占据着重要地位（见图 3-1）。

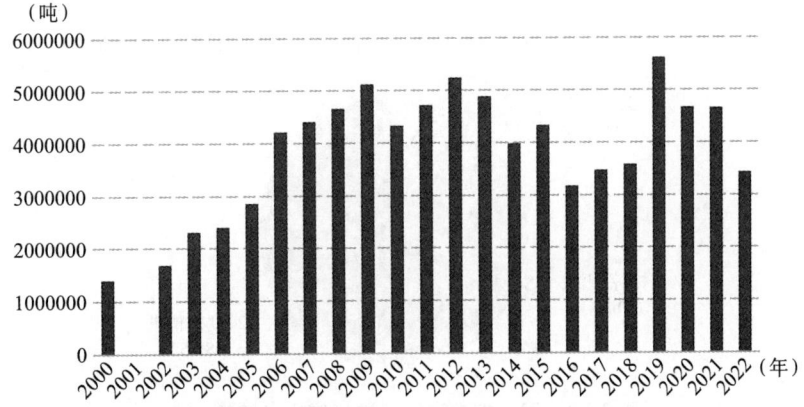

图 3-1　2000—2022 年我国棕榈油进口量

数据来源：同花顺、iFind、中泰期货研究所整理。

二、我国进口的棕榈油有哪些细分品种?

油棕果在经过一系列压榨程序之后,可以得到毛棕榈油(CPO)和毛棕榈仁油(CPKO),通过精炼,去除游离脂肪酸、天然色素及气味后,可得到精炼棕榈油(RBD PO)。根据需求的不同,棕榈油可在一定温度下通过分提得到8度、12度、24度、33度、44度等不同熔点的棕榈油。

我国进口的棕榈油产品中 RBD Palm Olein 即 24 度棕榈油较多,随着国内棕榈油分提能力的不断提高,以及棕榈油消费需求的不断增加,其在国内的棕榈油进口中占据主流。海关总署数据显示,2022年,国内 24 度棕榈油进口量占总进口量的比重为 68.75%,流通规模优势明显,主要用作煎炸油、人造奶油、冰激凌用油等。

国内还进口部分 RBD Palm Stearin 即 44 度棕榈油,主要用作化工行业,如肥皂、洗衣皂、透明皂、生物柴油、润滑剂、造纸助剂,工艺蜡烛,氢化油,硬脂酸,甘油等生产原料。2022年,棕榈硬脂的进口量占总进口量的比重为 31.21%,棕榈油分提产业的快速发展令 44 度~56 度棕榈油硬脂产量持续增加,这导致其进口量呈减少趋势。另外,国内还进口少量 CPO 即初榨的毛棕榈油。2022年,毛棕榈油进口量占比不足总进口量的 1%(见图 3-2)。

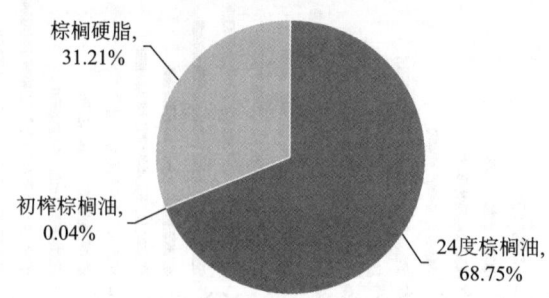

图 3-2 国内棕榈油产品进口结构(2022 年)

数据来源:同花顺、iFind、中泰期货研究所整理。

第三章 我国棕榈油进口、消费与流通 37

 三、我国的棕榈油是从哪里进口的？

我国棕榈油进口来源国非常集中，99%以上的进口都来自印度尼西亚和马来西亚。2014 年，我国从印度尼西亚进口和马来西亚进口棕榈油的数量相当，进口马来西亚棕榈油数量约为 218 万吨，占全部棕榈油进口量的 55% 左右；进口印度尼西亚棕榈油数量约为 178 万吨，占总进口量的 45% 左右。

2012 年棕榈油进口高峰过后，我国进入棕榈油进口的缩减期，直到 2017 年进口量才回归涨势。自 2017 年我国棕榈油进口恢复增长以来，国内棕榈油分国别进口情况发生了明显的变化，从印度尼西亚进口棕榈油的占比逐渐超过马来西亚。

2017 年，我国从印度尼西亚进口的棕榈油数量接近 220 万吨，进口占比约为 64%；从马来西亚进口的棕榈油数量约为 123 万吨，进口占比从 2014 年的 55% 下降到 36%。2021 年，从印度尼西亚进口的棕榈油比重达到近 78% 的历史新高，目前印度尼西亚已经成为国内最大的棕榈油进口来源国（见图 3-3）。

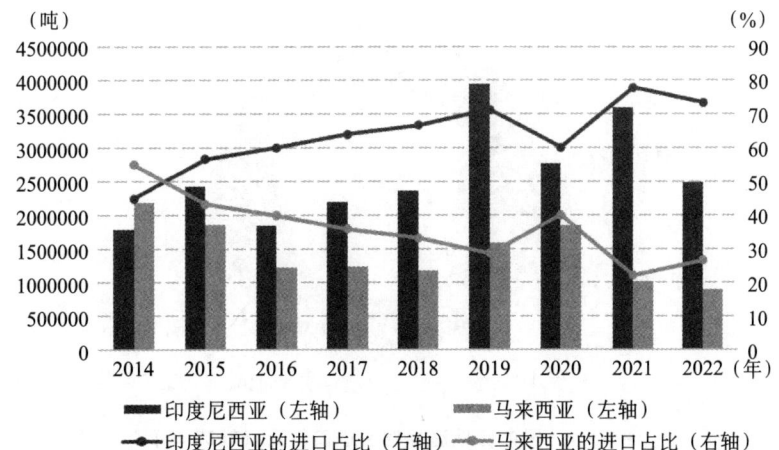

图 3-3 2014—2022 年我国棕榈油进口量及占比（分国别）

数据来源：同花顺、iFind、中泰期货研究所整理。

四、我国棕榈油主要集散地及贸易流向是怎样的？

我国棕榈油进口地区呈现相对集中的局面，这与我国交通运输和物流中转以及棕榈油消费需求地区存在较大差异有着密切的关系。以主要进口港为中心，向周边辐射，是国内棕榈油现货市场流通的基本格局。

我国棕榈油主要依靠进口，华北、华东、华南是我国棕榈油的主要进口、加工、销售地区。2022年，华北地区棕榈油进口量约占总进口量的16%，该地区进口主要集中在天津港，进口量占比约为11%。华东地区棕榈油进口量约占总进口量的52%。其中，江苏的进口量排在全国首位，进口量占比接近27%；其次是上海，进口量占比约为15%。华南地区棕榈油进口量占总进口量的比重约为20%，该地区进口以广东和福建港口为主，占比都约为10%。国内棕榈油精炼、分提、调和企业也主要分布在上述地区（见图3-4）。

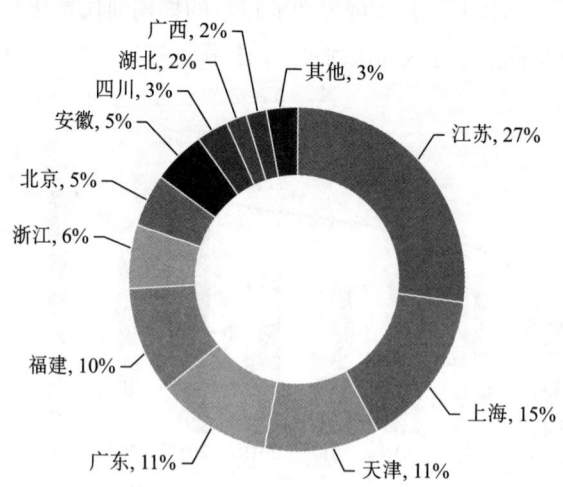

图3-4 国内各地区棕榈油进口占比（2022年）

数据来源：同花顺、iFind、中泰期货研究所整理。

第三章 我国棕榈油进口、消费与流通 39

我国棕榈油消费区域分布广泛,其中华北、东北地区消费的棕榈油主要来自天津及周边地区;华东、华中地区消费的棕榈油主要来自江苏、浙江及周边地区,华南地区消费的棕榈油主要来自广东、福建及周边地区。

总体来看,天津、江苏、上海、广州周边地区是我国棕榈油进口、加工、销售的主要区域,大商所在这些区域内选择棕榈油交割地点,符合国内棕榈油现货市场的供求及贸易格局,有助于实现棕榈油期货的价格发现功能并方便企业套期保值。

 五、我国棕榈油的主要下游产业有哪些?

随着我国棕榈油进口量的不断增加,国内棕榈油贸易和加工企业快速增长。目前国内棕榈油贸易和加工企业有近万家,其中大型贸易企业和加工企业有100多家,一般直接从国外进口棕榈油,棕榈油到港后,直接或加工分提后,再通过大量的中小分销商进行分销。

天津、上海和广州周边地区不但是我国棕榈油的主要进口、贸易集散地,也是大型棕榈油加工企业的主要集中地区,如中粮油脂、益海嘉里、仪征方顺、广垦粮油、中储粮镇江粮油、金太阳粮油、凯欣粮油等企业拥有足够的棕榈油加工、储存能力,是国内棕榈油主要的下游企业。

自测题

一、不定项选择题

1. 我国进口量最大的棕榈油细分品种是( )棕榈油。
   A. 12 度 B. 24 度
   C. 33 度 D. 44 度

2. 我国进口棕榈油的主要到港地区包括（　　）。
A. 华北地区　　　　　　　　B. 华东地区
C. 华中地区　　　　　　　　D. 华南地区

二、判断题

1. 自 2006 年 1 月 1 日开始，我国放开了对棕榈油进口的管制政策，取消其进口关税配额管理，对棕榈油（棕榈硬脂除外）实行自动进口许可证管理。（　　）

2. 马来西亚是我国进口棕榈油数量比例最大的进口来源国。（　　）

参考答案

一、不定项选择题

1. B　　2. ABC

二、判断题

1. √　　2. ×

第四章

棕榈油期货合约要点及相关规则介绍

> **本章要点**
>
> 本章从棕榈油期货历史追溯入手，引导投资者认知全球的主要棕榈油期货市场，并对大连商品交易所棕榈油期货合约设计要点、交易风险控制细则、交割质量要求与交割方式流程等做了细致的分析，以便投资者尽快了解棕榈油期货，进行投资交易。
>
> 马来西亚作为全球两大棕榈油主产地之一，良好的现货基础为其开展棕榈油期货交易提供了较好的市场条件，大马交易所逐渐成了全球性的毛棕榈油定价中心。2007年10月29日，我国棕榈油期货在大连商品交易所上市，自上市以来期货市场规模增长迅速，流动性表现良好，并且随着境外交易者的引入，国际影响力日益提升。

一、大马交易所棕榈油期货的历史、发展与现状是怎样的？

马来西亚是全球两大棕榈油主产地之一，其产出的大量棕榈油出口到世界各地，良好的现货基础为马来西亚开展棕榈油期货交易提供了较好的市场条件。1980年7月，吉隆坡商品交易所成立，推出的首个期货交易合约即毛棕榈油期货交易。

1984年3月，由于市场出现大量违约，毛棕榈油期货随后暂停交易。1985年，伴随着新的结算行——马来西亚期货结算公司的创建，毛棕榈油期货重新开始交易。2004年2月，大马交易所上市其第八个产品，也是第二个棕榈油产品毛棕榈仁油期货合约。

目前，棕榈油是大马交易所最为重要的商品期货品种，包括毛棕榈油和毛棕榈仁油。其中，毛棕榈油是马来西亚交易量最大的商品期货品种，占有重要地位，在国际植物油期货市场上具有相当大的国际影响力。

随着马来西亚棕榈油现货市场的迅速发展，产量快速提升，贸易日趋活跃，被越来越多的棕榈油种植和贸易企业所关注，并参与期货交易，大马交易所毛棕榈油交易规模迅速增长。2012年，大马交易所毛棕榈油的总成交量约15万手，到2022年增长到40万手，大马交易所逐渐成为了全球性的毛棕榈油定价中心。

> **小贴士**
>
> ### 大马交易所棕榈油期货介绍
>
> 大马交易所毛棕榈油（FCPO）合约见表4-1。

第四章 棕榈油期货合约要点及相关规则介绍 43

表 4-1	大马交易所毛棕榈油（FCPO）合约
交易品种	毛棕榈油
交易单位	25 吨/手
报价单位	林吉特/吨
最小变动价位	1 林吉特/吨
涨跌停板	前一交易日结算价的 ±10%（现货月除外）
合约交割月份	全年 12 个月
交易时间	北京时间上午 10：30—12：30，下午 2：30—6：00，夜间 9：00—11：30（周五不设夜盘）
最后交易日	合约月份的第 15 日
交割方式	实物交割
交易代码	FCPO
上市交易所	大马交易所（MDEX）

大马交易所的棕榈油期货与大商所的棕榈油期货合约要素中，有几点重要的不同：

1. 交易和交割标的不同。大马交易所的交易和交割标的是毛棕榈油（CPO），而大商所是精炼棕榈液油（RBD Plam Olein，俗称 24 度棕榈油）。

2. 合约规模不同，大马交易所为 25 吨/手，大商所为 10 吨/手。

3. 交易时间不同，大马交易所交易时间分为三节，但上午比国内开盘晚，下午交易时间也相对较长，周五晚上不设夜盘。

 二、大连商品交易所棕榈油期货合约要点有哪些？

大连商品交易所棕榈油期货合约见表 4-2。

表 4-2　　　　　　　　大连商品交易所棕榈油期货合约

项目	合约内容
交易品种	棕榈油
交易单位	10 吨/手
报价单位	元（人民币）/吨
最小变动价位	2 元/吨
涨跌停板幅度	上一交易日结算价的 ±4%
合约月份	1 月至 12 月
交易时间	每周一至周五 9：00—11：30，13：30—15：00，以及交易所规定的其他时间
最后交易日	合约月份第 10 个交易日
最后交割日	最后交易日后第 3 个交易日
交割等级	大连商品交易所棕榈油交割质量标准
交割地点	大连商品交易所棕榈油指定交割仓库
最低交易保证金	合约价值的 5%
交割方式	实物交割
交易代码	P
上市交易所	大连商品交易所

三、大连商品交易所棕榈油期货交易情况是怎样的？

（一）交易增长迅速，流动性良好

自 2007 年 10 月 29 日上市以来，棕榈油期货成交量不断增加，截至 2023 年 9 月，棕榈油期货累计成交约 21 亿手。从日均成交情况来看，2007 年 10 月，棕榈油日均成交量仅为 1.3 万余手，到 2023 年 9 月，日均成交量达 74 万手，日均成交量较 2007 年 10 月增长了约 70 倍，棕榈油期货市场规模增长迅速，流动性表现良好。

第四章　棕榈油期货合约要点及相关规则介绍

（二）持仓不断放大，市场基础稳定

棕榈油期货上市以来，持仓水平稳步提升。2007 年 11 月，棕榈油期货日均持仓量为 0.4 万手，经过多年的培育和发展，棕榈油期货的持仓稳步增长，到 2023 年 9 月，日均持仓量达 49 万手。持仓水平的稳步提升意味着棕榈油期货市场已经吸引了一批稳定的客户和资金，发展基础扎实。

四、棕榈油期货交易风险控制细则要点有哪些？

（一）保证金制度

棕榈油期货合约的最低交易保证金为合约价值的 5%。新开仓交易保证金按前一交易日结算时交易保证金收取。棕榈油市场情况变化时，交易所可根据市场情况的变化调整交易保证金标准，并向市场公布（见表 4-3）。

表 4-3　　　　　棕榈油期货合约的保证金标准

交易时间表	合约交易保证金
交割月前一个月第十五个交易日	合约价值的 10%
交割月份第一个交易日	合约价值的 20%

（二）涨跌停板制度

棕榈油期货合约交割月份以前的月份涨跌停板幅度为上一交易日结算价的 ±4%，交割月份的涨跌停板幅度为上一交易日结算价的 ±6%。当合约出现连续停板时，交易所将提高涨跌停板幅度（见表 4-4）。

表 4-4　　　　　棕榈油期货合约涨跌停板幅度

项目	第一个停板	第二个停板	第三个停板
涨跌停板	P	P+3%	P+5%
交易保证金	M	M1 = MAX [P+5%, M]	MAX [P+7%, M]

表4-3中M、M1分别为第一个停板和第二个停板当日的交易保证金水平，P为第一个停板当日的涨跌停板幅度，若第一个停板交易日为该合约上市挂牌后第一个交易日，则该合约上市挂牌当日交易保证金标准视为该合约第一个停板交易日前一交易日结算时的交易保证金标准。

若某期货合约在第N+2个交易日出现与第N+1个交易日同方向涨跌停板单边无连续报价的情况时，若第N+2个交易日是该期货合约的最后交易日，则该合约直接进入交割；若第N+3个交易日是该期货合约的最后交易日，则第N+3个交易日该合约按第N+2个交易日的涨跌停板和保证金水平继续交易。

除上述两种情况之外，交易所可在第N+2个交易日收市后决定并公告对该合约实施下列措施中的一种或多种化解市场风险：（1）单边或双边、同比例或不同比例、部分会员或全部会员提高交易保证金；（2）调整涨跌停板幅度；（3）暂停部分会员或全部会员开新仓；（4）限制出金；（5）限期平仓；（6）强行平仓；（7）在第N+2个交易日收市后强制减仓。

（三）限仓制度

限仓是指交易所规定会员或客户可以持有的，按单边计算的某一合约投机头寸的最大数额。具有实际控制关系的客户和非期货公司会员的持仓合并计算。

一般月份（合约上市至交割月份前一个月第十四个交易日）非期货公司会员和客户持仓限额如表4-5所示。

表4-5　　　　　　　一般月份非期货公司会员和客户持仓限额

品种	合约单边持仓规模	非期货公司会员	客户
棕榈油	单边持仓≤100000手	20000手	10000手
	单边持仓>100000手	单边持仓×20%	单边持仓×10%

自交割月份前一个月第十五个交易日至交割月期间非期货公司会员和客户持仓限额见表4-6。交割月份个人客户持仓限额为零。

第四章 棕榈油期货合约要点及相关规则介绍　47

表4-6　　　自交割月份前一个月第十五个交易日至交割月期间
非期货公司会员和客户持仓限额　　　　　单位：手

品种	时间段	非期货公司会员	客户
棕榈油	交割月前一个月第十五个交易日起	3000	1500
	交割月份	1000	500

注：交割月份个人客户持仓限额为零。

（四）其他风控制度有哪些？

在棕榈油期货交易过程中，因战争、社会动荡、自然灾害等因素对棕榈油进口正在产生或者即将产生重大影响时，交易所可以宣布进入异常情况，交易所总经理可以采取调整开市收市时间、暂停交易、终止交易的紧急措施。终止交易当天结算时，棕榈油各合约月份全部持仓按照上一交易日结算价进行平仓。对棕榈油期货合约采取终止交易紧急措施的，应当经中国证监会批准。

此外，棕榈油期货合约适用于大户报告制度、强行平仓制度、实际控制关系账户监管制度、异常情况处理制度和风险警示制度等常规风控制度，交易所将力求全方位、多维度防范及控制市场风险，保障市场平稳运行。

　五、棕榈油期货交割质量要求与仓单管理要点有哪些？

（一）交割质量要求

棕榈油期货交割质量要求指标分为特征指标（见表4-7）和质量指标（见表4-8）两类。

表 4-7　　　　　　　　　　　　棕榈油期货交割特征指标

项目		特征指标
折光指数（40℃）		1.458~1.460
相对密度（比重）（40℃/20℃水）		0.899~0.920
碘值（g/100g）≥		56
皂化值（以氢氧化钾计）（mg/g）		194~202
不皂化物［g/kg（%）］≤		13（1.3）
脂肪酸组成	癸酸 C10：0（%）	ND
	月桂酸 C12：0（%）	0.1~0.5
	豆蔻酸 C14：0（%）	0.5~1.5
	棕榈酸 C16：0（%）	38.0~43.5
	棕榈—烯酸 C16：1（%）	ND~0.6
	十七烷酸 C17：0（%）	ND~0.2
	十七碳—烯酸 C17：1（%）	ND~0.1
	硬脂酸 C18：0（%）	3.5~5.0
	油酸 C18：1（%）	39.8~46.0
	亚油酸 C18：2（%）	10.0~13.5
	亚麻酸 C18：3（%）	ND~0.6
	花生酸 C20：0（%）	ND~0.6
	花生—烯酸 C20：1（%）	ND~0.4
	山嵛酸 C22：0（%）	ND~0.2

注：ND 表示未检出，定义为≤0.05%。

表 4-8　　　　　　　　　　　　棕榈油期货交割质量指标

项目	质量指标	
熔点（℃）≤	24	
酸值（以氢氧化钾计）（mg/g）≤	入库：0.20	出库：0.23
过氧化值［mmol/kg（meq/kg）］≤	入库：2.5（5）	出库：5（10）
色泽（罗维朋比色槽133.4mm）≤	入库：黄30；红3.0	出库：黄35；红3.5
气味、滋味	具有棕榈油固有的气味、滋味，无异味	
透明度	40℃澄清、透明	

续表

项目	质量指标
水分及挥发物（％）≤	0.05
不溶性杂质（杂质）（％）≤	0.05

棕榈油期货合约质量替代品和升贴水：在酸值检验项目中，入库时仅 0.20 毫克/克＜酸值≤0.23 毫克/克或者出库时仅 0.23 毫克/克＜酸值≤0.25 毫克/克，其他指标符合基准交割品质量要求的棕榈油，可以替代交割，贴水为 15 元/吨。入库或出库时，若酸值＞0.20 毫克/克，则均以原油标示。

（二）仓单管理要点

仓单管理要点：（1）标准仓单生成包括交割预报、商品入库、验收、指定交割仓库签发及交易所注册等环节。（2）货主向指定交割仓库发货前，必须到交易所办理交割预报，并向交易所缴纳 30 元/吨的交割预报定金。（3）商品收发重量以指定交割仓库检重为准。入库商品质量由指定交割仓库检验。（4）指定交割仓库对入库商品验收合格后报交易所。（5）交易所收到完整的报送材料后，由指定交割仓库给会员或客户开具标准仓单注册申请表。（6）会员或客户凭标准仓单注册申请表到交易所办理标准仓单注册手续。（7）仓单生成后，可以用于交割、转让、提货和质押，也可以用于冲抵期货交易保证金。（8）棕榈油标准仓单在每个交割月份最后交割日后 3 个工作日内注销。

 六、棕榈油期货交割方式及流程有哪些？

（一）交割的基本规定

棕榈油期货交割有如下规定：（1）棕榈油期货合约的交割采用实物交

割方式。（2）客户的实物交割须由会员办理，并以会员名义在交易所进行。（3）个人客户不允许交割。（4）不能接收或者开具增值税发票的单位客户不得交割。（5）最后交易日闭市后，所有未平仓合约的持有者须以交割履约，同一客户买卖持仓相对应部分的持仓视为自动平仓，不予办理交割，平仓价按交割结算价计算。交易所按"最少配对数"的原则通过计算机对交割月份持仓合约进行交割配对。（6）增值税发票的流转过程为：交割卖方客户给对应的买方客户开具增值税发票，客户开具的增值税发票由双方会员转交、领取并协助核实，交易所负责监督。

（二）交割方式及流程

棕榈油交割包括进入交割月前的期货转现货交割（以下简称期转现）和进入交割月后的一次性交割两种方式。

1. 期转现

期转现是指交易双方协商一致，同时进行数量相当的期货和现货或者其他相关合约交易的行为。期转现的期货端为交易所上市的期货合约或者标准化期权合约，现货端为现货或者其他相关合约。交易所建立期转现平台，会员、交易者等参与者应当通过该平台办理期转现相关业务。

交易者提交期转现申请，最晚不得超过现货端交易履行完成的下一交易日；期转现申请应当在规定期限内每个交易日14：00前提交至交易所。期转现的期限为交易所合约上市之日至最后交易日前第三个交易日（含当日）。

申请期转现的，应当提交材料和信息有：（1）交易参与方，交易双方会员和客户等；（2）期货端，合约交易代码、成交价格、买卖方向、数量等；（3）现货端，买卖数量、协议价格、买卖协议或者其他交易证明材料等；（4）交易所要求的其他材料和信息。

期转现申请日闭市前，卖方会员未能如数提交标准仓单或者买方会员未能如数解付货款的，视为放弃期转现申请。

期转现批准日结算时，交易所从会员结算准备金中扣划期转现手续费（期转现手续费的核算由交易所另行规定并公布）；交易所将交易双方的期货端持仓按申请的成交价格进行结算处理，产生的盈亏计入当日盈亏。

交易所、会员可以对期转现的现货端货款等款项进行登记核算。交易双方可以直接以标准仓单申请期转现，交易所批准期转现的同时办理标准仓单过户。

标准仓单交易或转让后申请期转现的，其现货端结算业务按照以下规定办理：（1）在期转现平台上达成标准仓单交易或者在电子仓单系统转让标准仓单的，现货端结算适用《大连商品交易所标准仓单管理办法》和《大连商品交易所结算管理办法》标准仓单转让相关规定。（2）在交易所综合服务平台上达成标准仓单交易的，现货端结算适用《大连商品交易所标准仓单交易管理办法（试行）》相关规定。（3）以标准仓单以外的现货申请期转现，并委托交易所在期转现批准日代为收付货款的，交易所按照《大连商品交易所结算管理办法》相关规定代为收付货款，货物交收由交易双方自行办理。（4）期转现申请日闭市前，买方会员未能如数解付货款的，视为放弃期转现申请。（5）在交易所综合服务平台达成标准仓单以外的现货交易并申请期转现的，现货端结算和交收按照综合服务平台相关现货交易业务规则办理。（6）交易双方自行办理现货端交易结算的，交易所对买卖双方的货款收付和发票流转等不承担责任。（7）期转现的现货端交易涉及的现货实物交收，应当由交易双方自行办理，交易所不承担责任。（8）对于在期转现平台上达成的或者办理登记的现货端交易，交易双方未提交期转现申请或者申请未被交易所批准的，现货端交易由双方按照相关协议约定处理，交易所不承担责任。

2. 一次性交割

一次性交割是指在合约最后交易日后，交易所组织所有未平仓合约持有者进行交割的交割方式。

在合约最后交易日后，所有未平仓合约的持有者须以交割履约，同一客户号买卖持仓相对应部分的持仓视为自动平仓，不予办理交割，平仓价按一次性交割的交割结算价计算。

一次性交割的交割结算价采用该期货合约自交割月第一个交易日起至最后交易日所有成交价格的加权平均价。

最后交易日闭市后，交易所将交割月份买持仓的交易保证金转为交割预付款。

一次性交割在 3 个交易日内完成，分别为标准仓单提交日、配对日和交收日（最后交割日）。

（1）第一日：标准仓单提交日。最后交易日后第一个交易日闭市前，卖方会员应当将与其交割月份合约持仓相对应的全部标准仓单交到交易所，最后交易日后第一个交易日闭市后，交易所公布各交割仓库或分库交割品种与标准仓单数量信息。

（2）第二日：配对日。最后交易日后第二个交易日闭市前，买方可以根据交易所公布的信息，提出交割意向申报。买方可以申报两个交割意向，包括第一意向和第二意向。闭市后交易所分配标准仓单时，将保税标准仓单按照"境外买方优先""意向优先"原则进行分配。其中，意向优先原则分配顺序为：对任一买方，先考虑其第一意向，第一意向未得到满足或未全部得到满足，再考虑其第二意向；对任一交割仓库，先考虑将该仓库作为第一意向的买方，若有剩余仓单，再考虑将该仓库作为第二意向的买方。本书所指的"境外买方"不包括合格境外机构投资者和人民币合格境外机构投资者。

配对日闭市后，交易所按照如下原则和步骤进行交割配对：第一步：汇总标准仓单。交易所以仓库为单位汇总卖方的标准仓单。第二步：匹配境外买方和保税标准仓单。对任一保税交割仓库，若提出交割意向境外买方持仓数量合计小于其保税标准仓单数量，则所有境外买方意向均满足；若提出交割意向境外买方持仓数量合计大于其保税标准仓单数量，则按照"平均持仓时间长优先"的原则确定参与交割配对的境外买方。然后将意愿未被满足的境外买方持仓和未分配的保税标准仓单，按"最少配对数"原则进行分配，确定境外买方交割对应的保税交割仓库和在该仓库交割的数量。第三步：匹配剩余买方和剩余交割仓库。对剩余的任一交割仓库，若提出交割意向买方持仓数量合计小于其标准仓单数量，则所有买方意向均满足；若提出交割意向买方持仓数量合计大于其标准仓单数量，则按照"平均持仓时间长优先"的原则确定参与交割配对的买方。

其中：平均持仓时间是以"天"为单位，每手持仓时间的加权平均数。平均持仓时间相同的，持有建仓时间早的买方优先。具体公式为：

$$买方平均持仓时间 = \frac{\sum 买方每手持仓时间}{买方总持仓量}$$

交易所将满足买方意向后剩余的仓库仓单，与未提交割意向和所提交割意向未被满足的买方持仓，按照"最少配对数"原则进行配对，确定买方交割对应的仓库和在该仓库交割的数量。

第四步，匹配买卖双方。交易所将配好仓库的买方与持有该仓库仓单的卖方按照"最少配对数"原则进行配对，确定交割对应的买卖双方。

对于集团交割仓库的标准仓单，以分库为单位申报交割意向，进行交割配对。

配对结果一经确定，买卖双方不得变更。配对结果等信息通过会员服务系统发送给买卖双方会员，会员服务系统一经发送，即视为已经送达。

（3）第三日：交收日，即最后交割日（最后交易日后第三个交易日）。最后交割日闭市前，买方会员应当补齐与其交割月份合约持仓相对应的差额货款；最后交割日闭市后，交易所将卖方会员提交的标准仓单交付买方会员，将货款的80%付给卖方会员，余款在卖方会员提交了发票后结清。

配对结果确定后，买方应当在配对日后1个交易日内，按照税务机关的规定将开具发票的具体事项，包括购货单位名称、地址、金额、纳税人登记号等信息通知卖方。卖方会员应当在配对日后7个交易日内将发票交付买方会员。

（三）交割地点

棕榈油指定交割仓库分为基准交割仓库和非基准交割仓库，分别设在广东省、上海市、浙江省、江苏省和天津市等地，交易所可视情况对指定交割仓库进行调整。

根据现货市场的实际情况，大连商品交易所将广东地区设为棕榈油期货交割的基准地，这主要考虑以下因素：首先，广东地区年平均气温比较高，24度棕榈油在一年中的大部分时间都呈液态，这使该地区24度棕榈油作为食用油直接使用的情况较为普遍，其价格受勾兑或其他油品种销售等因素影响较少，稳定性比较好。其次，广东地区距离马来西亚和印度尼西亚比较近，影响棕榈油价格的因素较少，反映的价格信息更纯粹、真实。最后，广东省是我国目前棕榈油进口量、加工量及销售量最大的省份，符合国内棕榈油现货市场的供求和贸易格局，有助于实现棕榈油期货的价格发现功能。

(四) 交割费用

棕榈油交割费用包括期货仓储费、质检费、交割手续费、商品入库、出库费用(根据交通运输方式的不同收取相应的作业费和过磅费等),具体收费标准见表4-9。

表4-9　　　　　　　　棕榈油交割费用

标准	期货仓储费	质检费	交割手续费
	0.9元/吨·天	3元/吨	1元/吨

指定交割仓库的入库、出库费用实行最高限价。交易所将根据市场情况对各品种指定交割仓库的入库、出库最高费用标准进行不定期核定和公布。新增指定交割仓库的入库、出库最高费用标准自交易所公布之日起实施。另外,指定交割仓库杂项作业服务收费实行最高限价。各指定交割仓库杂项作业服务最高收费标准由交易所制定并公布。

从标准仓单仓储及损耗费付止日后次日起至标准仓单注销之日止,每月发生的仓储及损耗费由交易所于下月初3个交易日内向标准仓单所属会员收取。交易所通过会员确认货主收到仓储及损耗费发票后,向指定交割仓库支付仓储及损耗费。标准仓单仓储及损耗费付止日前和标准仓单注销日后次日起,发生的仓储及损耗费用由交割仓库与货主结清。

(五) 交割违约

构成交割违约的行为包括:在规定期限内,卖方未能如数交付标准仓单的;在规定期限内,买方未能如数解付货款的。

卖方交割违约合约数量的计算公式:

卖方交割违约合约数量(手) = 应交标准仓单数量(手) - 已交标准仓单数量(手)

买方交割违约合约数量计算公式:

买方交割违约合约数量(手) = [应交货款(元) - 已交货款(元)] ÷ [交割结算价(元/吨) × (1 - 20%) + 非基准交割仓库与基准交割仓库的升贴水(元/吨)] ÷ 交易单位(吨/手)

发生交割违约后，交易所于合约最后交割日（滚动交割的交收日）结算后通知违约方和相对应的守约方。违约通知通过会员服务系统随当日结算数据发送，会员服务系统一经发送，即视为已经送达。构成交割违约的，由违约方将违约部分合约价值 20% 的违约金支付给守约方，买卖双方终止交割。若买卖双方都违约的，交易所按终止交割处理，并对双方分别处以违约部分合约价值 5% 的罚款。会员发生部分交割违约时，违约会员所接标准仓单或所得货款可用于违约处理。

七、我国棕榈油期货国际影响力如何？

2020 年 12 月 22 日，我国棕榈油期货成功引入境外交易者。2021 年 6 月 18 日，棕榈油期权合约正式挂牌交易，并同步引入境外交易者参与交易，成为我国首个引入境外交易者的期权品种。我国棕榈油期货国际影响力日益提升。

（一）棕榈油期货国际化必要性

棕榈油是一个国际化程度非常高的品种。我国棕榈油期货品种引入境外交易者，可以丰富和完善境内棕榈油期货市场参与者结构，提高棕榈油期货价格的国际代表性和公信力，使其更加客观、准确地反映国际棕榈油市场供需关系变化情况，为全球棕榈油贸易参与者提供一个更加公平、公正、透明的价格基准和避险工具，进一步拓宽我国棕榈油期货服务实体经济的广度和深度。

（二）境外投资者交易指南

1. 作为海外客户的交易方式

海外客户在大连商品交易所有两种交易方式。（1）直接开户：通过国内期货公司会员直接开户。在此情况下，客户必须开立 NRA 银行账户，以存放客户的保证金,且须遵守期货市场监管以外的相关规则和政策。(2)转委托开户:通过海外经纪公司开户,然后委托期货公司成员进行指定国内期货产品的交易。

2. 交易代码

交易代码是由交易所分发给非期货公司成员或客户的特殊代码。期货公司会员及海外经纪人应为客户办理开户等手续,并为每个客户申请专属交易代码。一个客户只能在交易所有一个客户号码,但可以在不同的期货公司或海外经纪人开立不同的账户。

3. 投资者适当性的要求

投资者适当性的要求包括:(1)基本知识要求。中期协在线测试≥80分。(2)承诺书。海外客户可展示其知识水平,通过签发承诺函进行期货交易。(3)可用资金要求。在申请交易代码或交易当日之前的连续5个交易日,保证金账户的每日可用资金余额不少于10万元人民币或等值外币。(4)合规和诚信。无不良信用记录及市场禁入行为。(5)交易经验记录。模拟10个交易日、20笔及以上成交记录或实盘近3年内10笔及以上境内外期货或期权集中清算的其他衍生品交易成交记录。(6)机构客户的内部控制。有健全的内部控制政策、风险管理政策和其他期货交易管理政策。

4. 适当性评估的豁免情况

开户机构对有下列情形的客户进行适当性评估时,不需要对其基本知识和交易经验进行评估:已拥有国内其他商品期货交易所适当性上市产品交易权限的客户;客户已拥有金融期货交易代码;已拥有国内证券交易所期权交易权限的客户;已拥有大商所特定品种交易权限的客户,申请其他上市产品的交易权限。如果客户已获得上市产品的交易权限,对客户的可用资金余额要求较高,开户机构也无须评估客户的可用资金余额。

(三)其他相关规定

1. 境外交易者结算币及结算方式

棕榈油期货交易以人民币计价并进行结算。境外交易者、境外经纪机构可以使用人民币,也可以直接使用美元作为保证金。交易盈亏结算、手续费结算、交割货款及期权权利金等款项结算应以人民币支付。目前大商所接受的外汇资金仅为美元。

境外交易者可以直接委托境内期货公司会员进行结算，也可以委托符合条件的境外经纪机构转托境内期货公司会员进行结算。

2. 境内特定品种期货交易相关资金收付、汇兑及划转

境外交易者、境外经纪机构可以在具有境外客户保证金存管资格的指定存管银行开立人民币专用期货结算账户和外汇专用期货结算账户，用于办理境内特定品种期货交易相关资金收付、汇兑及划转。具体开户资料要求可咨询拟开户存管银行。

3. 境外客户、境外经纪机构结汇和购汇业务的相关规定

境外客户、境外经纪机构结汇、购汇业务由境内期货公司会员代为办理。结汇和购汇业务必须通过指定存管银行办理。结汇和购汇应基于境外交易者、境外经纪机构从事棕榈油期货交易的实际结果办理，只涉及期货交易盈亏结算、缴纳手续费、交割货款或追缴结算货币资金缺口等与棕榈油期货交易相关的款项。其中交割货款包括到期交割、标准仓单的期转现、仓单转让等。

八、我国棕榈油期货合约有哪些相关规则？

根据《大连商品交易所结算管理办法》第三十八条，大商所自 2020 年 12 月 23 日交易时（即 12 月 22 日晚夜盘）起对棕榈油期货合约交易收取申报费。

1. 适用对象

当日在棕榈油期货合约上成交手数超过 600 手，达到收费标准的客户和非期货公司会员，做市商做市交易免收申报费。

2. 收费标准（申报费按日收取）

申报费 = 非期货公司会员或者客户当日在棕榈油期货合约上的下单手数 × 当日收费标准。其中，信息量 = 下单笔数 + 撤单笔数；委托成交比

（OTR）=下单手数/成交手数 – 1。对于同一客户在不同期货公司会员处开有多个交易编码的，或者具有实际控制关系的客户和非期货公司会员，交易所对其下单笔数、撤单笔数、下单手数、撤单手数和成交手数等指标合并计算。

3. 收取方式

当日结算时，从会员结算准备金中扣划。

自测题

一、不定项选择题

1. 目前，我国大连商品交易所棕榈油期货合约的最小变动价位是（ ）。

   A. 1 元/吨　　　　　　　　B. 2 元/吨
   C. 10 元/吨　　　　　　　 D. 5 元/吨

2. 目前，全球有（ ）主要棕榈油期货市场。

   A. 马来西亚大马交易所　　B. 芝加哥商品交易所
   C. 纽约商品交易所　　　　D. 大连商品交易所

3. 棕榈油指定交割仓库主要设在（ ）等地区。

   A. 广东省　　　　　　　　B. 浙江省
   C. 天津市　　　　　　　　D. 辽宁省

二、判断题

1. 大马交易所在全球率先推出了毛棕榈油原料产品期货。　　（　　）

2. 大商所棕榈油期货合约的最低交易保证金为合约价值的 10%。

   （　　）

3. 大商所棕榈油期货合约的交割月份为 1 月、3 月、5 月、7 月、8 月、9 月、11 月、12 月。　　（　　）

4. 大商所棕榈油标准仓单在每个交割月份最后交割日后 3 个工作日内

注销。   ( )

5. 大商所棕榈油期货作为国际化品种，允许境外交易者通过指定方式进行交易。   ( )

参考答案

一、不定项选择题

1. B   2. AD   3. ABC

二、判断题

1. √   2. ×   3. ×   4. √   5. √

第五章

影响棕榈油价格变动的主要因素

> **本章要点**
>
> 本章篇幅不长，但内容重要，先介绍了棕榈油现货和期货市场的几个定价基准，讨论了供需基本面对棕榈油期货行情运行的影响机制，然后分析了近些年市场关注和讨论很多的能源类商品对棕榈油价格的影响，说明了石化燃油和生物柴油之间的消费替代和价格传导关系，最后分析了棕榈油对其他大宗植物油，主要是豆油的价差波动的影响，并简要分析了波动背后的基本面原因。

 一、棕榈油现货和期货的定价基准是怎样的？

（一）PK/PG 棕榈油 FOB 纸货市场

"PK/PG"是两个马来西亚地名的缩写，它们分别位于马来半岛中部的

"巴生港 Port Klang"和南部的"巴西古当 Pasir Gudang"。这两个地区是马来西亚最早的棕榈油现货的报价基准地。

随着棕榈油现货贸易量的不断提高,传统的现货贸易逐渐发展为一个分布式的 OTC 市场,"PK/PG"市场就是一个半封闭式的电话市场或者叫纸货市场。获得准入资格的参与者可以与其他对手进行交易,并在合同到期前进行无交割的现金结算。

由于参与者多为产业链中的巨头,"PK/PG"市场的行情曾一度是 24 度棕榈油现货价格的重要定价参考。

(二)印度尼西亚精炼厂 CPO 招标价

作为全球棕榈油第一大主产国和出口国,印度尼西亚本地的棕榈油现货价格和成交情况对棕榈油行情的指引作用很大。印度尼西亚的棕榈油精炼厂一般分布在沿海地区的港口,多在苏门答腊岛,而毛棕榈油(CPO)压榨厂一般在苏门答腊和加里曼丹腹地的种植园中,所以精炼厂和 CPO 压榨厂一般属于不同的经营主体。

印度尼西亚的大多数精炼厂采购 CPO 的方式是每天招标,工厂先给出参考价,然后 CPO 卖方出价,由精炼厂决定是否成交。实际成交价格和成交数量占比反映了当地现货市场的运行状况。

(三)产地为中国和欧洲的 24 度棕榈油的 CNF 报价与现货价格

产地为中国和欧洲的 CNF 报价是比较直接反映主销区采购成本的现货价格。一般情况下,产地会报出一连串不同合同执行月份的价格。

国内棕榈油套期保值和基差贸易在现货贸易中普及度已经非常高,在供应商报出 CNF 价格(一般单位为美元/吨)后,市场会根据汇率和各项税费的比率计算出以本币计算的到港成本,然后与合同交付月份对应的期货合约合并计算出进口套保利润,并以此作为基差成本进行背对背销售。

一个比较有趣的点是,由于印度尼西亚和马来西亚这两个主产地距离很近,棕榈油的质量标准化程度比较高,以及很多大的贸易公司在印度尼西亚和马来西亚都有货源,所以很多时候 CNF 合同的要素中是不包含发货地的约定的。供应商可以根据具体的情况自由选择发货地。

（四）CBOT 豆油期货、大马交易所 CPO 期货、大商所棕榈油期货

CBOT 豆油期货是全球流动性较高、历史较长的期货品种，尽管交易的标的不同，但棕榈油期现货市场的行情波动会受 CBOT 豆油期货价格波动情绪性的影响。

随着交易量和市场规模的稳步提升以及产业基差贸易的普及度不断提高，大马交易所的 CPO 期货和大商所的棕榈油期货的行情已经成为棕榈油现货的定价基准，"基差＋期货价"的报价方式已经成为目前中国棕榈油现货市场的主要报价方式。

二、供需基本面对棕榈油行情有哪些影响？

一般情况下，人们习惯性地认为供需基本面决定商品的价格。对于棕榈油期货这样上市时间已经很长，且市场参与者类型多样化的期货品种来说，不同的市场参与者交易的风格迥异。以供需基本面作为分析和预测行情主要方法的传统产业交易者是市场中不可或缺的一员，然而，大多数时候我们发现无论是短期的价格波动还是中长期的行情节奏，棕榈油期货的价格都更多地跟随其他大宗商品整体的行情变化而变化，而非被供需基本面的变化主导，表现出较强的金融属性。

我们可以从两个方面直观地验证这个观点：

第一是棕榈油期货价格的分年度季节性特征。我们都知道棕榈油的供销存在非常明显的季节性特征，如果供需基本面能主导价格的波动，那么理论上棕榈油价格的波动也应该表现出极强的季节性（类似 2016 年前的玉米），然而事实似乎并不是如此（见表 5-1）。

第二是棕榈油期货与其他大宗商品走势的相关性极高。很显然，这些商品的基本面毫无关联，但它们的行情波动节奏和中长期的方向一致性很强，这体现了这些成熟的商品期货品种极强的金融属性（见图 5-1）。

表 5-1　　棕榈油期货月度涨跌幅统计（2013—2022 年）　　　　　单位：%

日期	1月	2月	3月	4月	5月	6月	7月	8月	9月	10月	11月	12月
2022年	14.18	12.63	-3.55	15.74	-4.57	-19.95	-10.34	0.78	-17.28	12.32	7.77	-3.73
2021年	-3.27	9.64	-5.53	5.24	1.63	-4.56	17.22	1.07	4.89	8.30	-9.42	-0.04
2020年	-4.43	-18.05	-2.89	-6.99	6.52	4.16	12.36	4.64	-2.44	7.46	5.80	7.45
2019年	7.18	-4.10	-3.26	1.46	-0.11	-3.60	2.77	7.53	-1.35	11.84	7.64	11.44
2018年	-0.39	2.29	-4.92	-1.35	2.45	-4.26	-1.94	1.59	-3.20	-0.30	-6.80	1.72
2017年	-0.22	-7.51	-5.52	-3.93	-0.05	0.72	5.17	0.02	0.81	4.03	-6.19	-3.06
2016年	-2.95	4.72	11.44	-1.14	-4.93	0.47	-2.89	5.75	2.87	8.64	4.16	-0.64
2015年	-8.83	8.75	-7.63	4.80	5.59	-3.31	-4.57	-9.84	5.29	-1.39	0.76	8.46
2014年	-5.67	8.08	-0.26	-0.10	-3.39	-0.38	-4.27	-7.72	0.63	3.69	-4.76	-2.09
2013年	0.11	-6.33	-5.34	-3.79	3.39	-5.30	-6.73	2.52	-2.89	14.06	2.18	-4.34

数据来源：同花顺、iFind、中泰期货研究所整理。

图 5-1　国内大类商品期货指数

数据来源：同花顺、iFind、中泰期货研究所整理。

三、能源行情对棕榈油行情的影响机制有哪些？

比较早的时候，人们把基本面定价逻辑有效性降低这件事情归因到了原油身上，逻辑是发现基本面截然不同的棕榈油居然在很多时候和原油的走势非常接近。棕榈油及其他植物油近些年来不断增加的工业用途（主要包括用来生产生物柴油等）确实容易让人们在能源属性上把植物油和原油联系到一起。

然而，用于生产生物柴油的棕榈油在其总需求中占比并不高，其变化量对总需求的边际变化贡献一般也不是很大。尤其是在很长一段时间里，各个国家生物柴油的商业掺兑利润为负值，生物柴油的生产一直依靠政策引导和补贴才能得以持续下去。在这种情况下，原油或者石化柴油等传统能源类商品价格的变化很难通过影响生物柴油产量的方式比较直接地影响棕榈油的下游需求。

人们常说"原油是大宗商品之母"。作为战略价值最为重要的大宗商品之一，原油的走势很多时候对其他大宗商品有较强的引导作用。原油价格的变化也能直接或者间接地影响多种商品的成本。

所以，原油对棕榈油价格的影响可能更多地类似于其他重要大宗商品价格波动产生的金融属性。从原油到石化柴油，再到生物柴油的价格传导对棕榈油工业消费的影响来看，其对棕榈油行情波动的影响也是客观存在的，但影响的程度可能并不太大。

 四、棕榈油对其他大宗植物油价差的波动是怎样的？

由于在消费领域有较强的相互替代性，棕榈油和其他大宗植物油期货（如豆油和菜油）的价差经常被作为交易标的。在现货市场，不同销区（如印度市场）主流的进口植物油品种（如棕榈油、豆油、葵花籽油等植物油）之间的价差高低的波动，往往是市场对需求量和不同品种占比变化进行分析和判断的重要依据。

人们认为在一般情况下，棕榈油对其他植物油的价差会在一个有限的范围内进行区间波动。价差波动的区间上限与下限附近往往伴随着比较明显的消费替代。计算或者验证这个区间的时候，我们使用现货价格而非期货价格的有效性会更好，因为期货价格到现货价格之间的转换还隔着基差这层逻辑，而基差往往是不稳定的。

在国内市场，低度棕榈油和一级豆油之间的替代作用通过食用调和油掺兑比例的调整来实现，其替代量之大以及对豆油和棕榈油各自消费占比之高在棕榈油与其他油脂品种的关系中最为显著。所以豆油和棕榈油之间的价差（常被称为豆棕价差）是一个被重点关注的油脂品种间价差指标。

无论在国际市场还是国内市场，以前很长一段时间豆棕价差都在一个相对稳定的区间内波动。然而在 2020 年以后，随着棕榈油自身金融属性的增强和影响金融市场的外部因素动荡程度提高，豆棕价差的波动区间大大增加（见图 5-2）。这使以价差作为交易标的的品种间套利策略的交易难度显著提高。

图 5-2　国际市场毛豆油与毛棕油 FOB 油差

数据来源：同花顺、iFind、中泰期货研究所整理。

自测题

一、不定项选择题

1. 棕榈油精炼厂招标采购的原料是（　　）。
   A. CPO　　　　　　　　　B. PPO
   C. PKO　　　　　　　　　D. RBD. PO

2. 对棕榈油现货市场影响较大的期货品种包括（　　）。
   A. CBOT 豆油期货　　　　B. 大马交易所 CPO 期货
   C. 大商所棕榈油期货　　　D. 洲际交易所原油期货

二、判断题

1. "PK/PG"是两个印度尼西亚地名的缩写,这两个地区是印度尼西亚最早的棕榈油现货的报价基准地。（　　）

2. 棕榈油的供销存在非常明显的季节性特征,供需基本面能主导价格的波动,所以棕榈油价格的波动也表现出极强的季节性。（　　）

3. 豆油和棕榈油之间的价差简称"豆棕价差",二者在期货盘面的价差波动区间非常稳定,可以用统计套利的思维进行无风险套利。（　　）

参考答案

一、不定项选择题

1. A　　2. ABC

二、判断题

1. ×　　2. ×　　3. ×

第六章

利用棕榈油期货进行风险管理

> **本章要点**
>
> 我国棕榈油供给完全依靠进口,随着棕榈油产业的发展和国际贸易的日益活跃,棕榈油已经逐渐发展成为全球化大宗商品,价格波动也日趋增大,相关企业面临着越来越大的市场风险,其保值避险需求也不断增强。在市场充分竞争压力下,棕榈油进口利润、压榨利润、跨地域贸易利润等正常的行业利润被压缩至较低空间,因此成熟的套期保值体系已经成为产业的标配。

套期保值是化解企业经营风险的金融工具,企业利用期货合约作为将来在现货市场上买卖商品的临时替代物,提前锁定现在买进准备以后售出或将来需要买进的商品的价格风险。通过套期保值工具的运行,棕榈油企业可以将单边价格波动对经营利润产生的较高等级风险降低为基差窄幅波动的较低风险。本章就棕榈油相关企业如何利用棕榈油期货进行风险管理做了详细介绍,包括套期保值原理、方式及原则,基差对套期保值效果的影响等,还通过具体的案例对套期保值的操作进行了比较直观的解读。

一、企业在期货市场中的定位是怎样的？

按照交易目的不同，期货市场中的交易者可分为投机者和套期保值者两类。

投机者在金融市场中属于中性词汇，是指根据对市场的判断，利用价格或价差的波动通过交易获取利润，并承担风险的交易者。投机者主动承担了风险，并为市场提供了流动性。

套期保值者是指把期货市场当作转移价格风险的场所，利用期货合约作为将来在现货市场上买卖交易部位①的替代物，提前锁定计划采购货物的采购价格，或已购入现货的销售价格。对于企业来说，参与期货交易的首要目的是进行风险管理。

二、企业参与期货市场的目的是什么？

我国棕榈油供给完全依靠进口，随着棕榈油产业的发展和国际贸易的日益活跃，棕榈油已经逐渐发展成为全球化大宗商品，价格波动也日趋增大，相关企业面临着越来越大的市场风险，其保值避险需求也不断增强。经过多年的发展，棕榈油期货已具备雄厚的产业基础，市场功能发挥较好。我国大型油脂企业以及在华跨国粮油企业均较充分地利用棕榈油期货开展套期保值交易，棕榈油期货已经成为这些企业风险管理不可或缺的工具。

---

① 交易部位对应的英文是 Position，中文也可以称为"头寸"。

目前，国内棕榈油现货贸易以"大连期货价格+升贴水"的基差点价模式经营，基差交易已经发展成为整个行业的普适交易模式。2021年，棕榈油期权在中国市场推出，让传统的基差交易再次升级，"含权贸易"应运而生。一些油厂或引入专业人才，或借助期货公司力量，开始尝试在与下游企业的基差合同中嵌入期权，有的保证下游客户采购的封顶价格，有的提供二次点价机会，期权工具提供的多样化组合策略使客户多元化的需求得以满足。

 三、企业风险管理需求有哪些？

1. 套期保值需求

企业在经营过程中面临各种各样的风险，主要包括宏观、汇率、政策、信用、市场等风险。自从2008年金融危机之后，国际国内的宏观环境日益复杂，流动性、人民币汇率的预判难度不断加大，不利于油脂企业稳定经营。同时，受整体经营形势的动态变化，企业面临的信用风险也在加剧。而市场风险是任何企业在任何周期都无法规避的经营风险，随着油脂产业成熟度不断提高，在市场充分竞争压力下，进口利润、压榨利润、跨地域贸易利润等正常的行业利润被压缩至较低空间，因此成熟的套期保值体系已经成为产业的标配。

2. 基差贸易点价需求

期货市场对现货经营的稳定作用不仅体现在企业经营方式上，还体现在现货市场价格的制定环节。棕榈油期货上市后，基差点价逐步取代了现货市场传统的"一口价"交易模式，不仅让市场有了价格风向标，还让企业在利用好棕榈油期货工具的情况下，可以保持企业生产经营活动的平稳进行，有效规避价格突发性波动风险。

3. 含权贸易需求

含权贸易是将期权融入现货贸易的新型贸易模式。通常指供需双方协商确定基差、执行价格、到期日等因素，将期权以及期权组合转换成现货定价方式，并在现货购销合同中予以明确和体现。期权品种的复杂性、灵活性使含权贸易可与相关产业进行多维度的组合设计，满足企业不同需求。对于棕榈油采购方而言，将基差合同与含权贸易结合，即产生封顶基差合同。这种方式方便企业计算最大生产成本，从而帮助企业追求利润更大化。同时，也解决了基差合同的一些不足之处，帮助采购人员减轻了风险管理和盯盘的压力。

四、企业风险管理的方式有哪些？

套期保值是化解企业经营风险的金融工具。通过套期保值工具将单边价格波动对经营利润产生的较高等级风险降低为基差窄幅波动的较低风险。

套期保值是指以回避现货价格风险为目的的期货交易行为。它的基本做法就是买进或卖出与现货市场交易数量相当，但交易方向相反的商品期货合约，以期在未来某一时间通过卖出或买进相同的期货合约，对冲平仓，结清期货交易带来的盈利或亏损，以此来补偿或抵消现货市场价格变动所带来的实际价格风险或利益，使交易者的经济收益稳定在一定的水平。

1. 套期保值原理

套期保值之所以能够规避价格风险，与期货、现货价格之间的两个基本特点有关：一是同种商品的期货价格走势与现货价格走势基本一致；二是期货、现货价格随着期货合约到期日的临近，两者趋向一致，即具有收敛倾向。

现货市场与期货市场虽然是两个各自独立的市场，但由于某一特定商品的期货价格和现货价格在同一市场环境内，会受到相同经济因素的影响和制约，因而一般情况下两个市场的价格变动趋势一致。

在商品期货交易中，一般都规定合约到期时必须进行实物交割。到交割日时，如果期货价格和现货价格不同，例如期货价格高于现货价格，就会有套利者买入低价现货，卖出高价期货，以低价买入的现货在期货市场上高价抛出，在无风险的情况下实现盈利。反之，如果期货价格低于现货价格，需要该商品的现货商会在期货市场上低价买进，或者作为自用，或者在现货市场高价卖出。理论上，这种套利交易最终会使期货价格和现货价格趋向一致。在金融期货交易中，有采用现金交割方式的（如股指期货），交割价的确定以现货价为基准，等于是强迫期货价与现货价收敛。正是这些交割制度，保证了现货市场与期货市场价格随期货合约到期日的临近，两者趋向一致。

2. 套期保值方式

套期保值分为买入套期保值和卖出套期保值两种方式。企业参与期货交易的主要目的一方面是回避价格波动的风险，使他们在现货市场上有稳定的进货和销售渠道；另一方面是许多企业的产品不是期货交易的品种，只能用相关品种替代保值，因此，大多以对冲的方式退出期货市场。

（1）买入套期保值。买入套期保值是指经营者为了回避将来购进商品时因价格上涨给自己造成的采购成本增加，而预先在期货市场买入同等数量的期货合约进行保值，希望将来能用期货市场的盈利来弥补现货市场价格上涨带来的损失。基本操作方法是：先在期货市场买入期货合约，如果现货市场价格真的上涨用对冲后的期货盈利弥补现货的亏损，如果价格不涨反跌，企业可以用现货少付的成本来弥补期货市场的损失。

买入套期保值就是在预计原材料价格即将上涨时单边做多期货。对多数企业来说，买入套期保值更像一种投机行为，而卖出套期保值应用场景和频率远高于买入套期保值。买入套期保值的效果更多地取决于价格变动方向。

需要买入套期保值的企业：①为了防止日后购进原材料时价格上涨情况的加工制造企业；②已经跟需求方签订好现货供货合同，但此时尚未购进货源，又担心日后购进货源时价格上涨的供货方；③认为目前现货市场的价格很合适，但由于目前资金不足或者仓库已满等原因，不能立即买进现货的需求方。

（2）卖出套期保值。卖出套期保值是指市场经营者为了回避将来价格下跌的风险，提前在期货市场卖出相应数量的期货合约，希望将来用期货市场的盈利弥补因现货市场价格下跌所带来的损失。其基本操作方法是：先在期货市场上卖出期货合约，如果现货市场价格真的下跌用对冲后的期货盈利弥补在现货市场所发生的亏损。如果价格不跌反涨，企业可以用现货市场盈利弥补期货市场的亏损的交易。

卖出套期保值场景：①库存产品尚未销售或即将生产、某种商品，担心日后出售价格下跌的生产企业；②库存现货尚未出售或已签订将来以特定价格买进某一商品但尚未转售，担心日后出售时价格下跌的储运商和贸易商；③担心库存原料价格下跌的加工制造企业。

3. 套期保值原则

（1）交易方向相反。套期保值的目的是对冲现货价格风险，由于期货价格与现货价格具有正相关关系，对冲的前提自然是期货买卖的方向与现货买卖方向是相反的。比如，在现货市场上有货或将来有货，担心卖货时因价格下跌而受损，要对冲价格下跌风险就必须在期货市场中卖出。这显示为现货上的多头，期货上的空头。如果手中目前无货或将来要交货，担心到需要买货时价格上涨，要对冲价格上涨风险就必须在期货市场中买进。这显示为现货上的空头，期货上的多头。

如果违反了交易方向相反原则，所做的期货交易就不能称作套期保值交易。因为这样做不仅达不到对冲价格风险的目的，反而增加了价格风险，其结果是要么同时在两个市场上亏损，要么同时在两个市场上盈利。比如，对现货市场上有货或将来有货的交易者来说，如果他同时在期货市场也做买方，那么，在价格上涨的情况下，他在两个市场上都会出现盈利；在价格下跌的情况下，他在两个市场上都会出现亏损。

（2）商品种类相同或相近。商品种类相同原则是指在做套期保值交易时，所选择的期货品种应该和需要对冲风险的现货商品相同。只有相同的商品，期货价格和现货价格之间才会形成较强的正相关关系，才能在价格走势上保持大致相同的趋势，否则，所做的套期保值交易就难以达到规避价格风险的目的。如果期货市场上没有相同的品种，则应该选择那些在价格走势上大致相同的同类商品。

（3）数量相等或相当。数量相等或相近原则是指在做套期保值交易时，在期货市场上买卖的数量应该与交易者需要对冲的商品数量基本相等。既然套期保值交易的目的是对冲现货风险，那么就应该是现货上有多少风险头寸就在期货上对冲多少。对冲的数量太少,必定有部分现货头寸,因而风险依旧存在;对冲数量过多,多余的头寸就成了投机头寸。

(4)月份相同或相近。月份相同或相近原则是指在做套期保值交易时,所选用的期货合约的交割月份最好与交易者将来在现货市场上实际买进或卖出的时间相同或相近。选用相同或相近时间的期货合约,一是可以使期货合约覆盖的时间与现货暴露的风险时间相一致;二是随着期货合约交割期的到来,期货和现货之间的价格差会缩小。这两条都有利于增强套期保值的效果。

4. 基差对套期保值效果的影响

在套期保值交易中,如果现货市场和期货市场价格变动的幅度完全相同,无论是进行买入套期保值还是卖出套期保值,均能够使两个市场的盈亏完全相抵,实现完全的套期保值。但在实际操作中,两个市场的变动趋势虽然相同,但变动的幅度在多数情况下是不相同的,在这种情况下,两个市场的盈亏不会完全相互抵消,可能出现净利润或者净亏损的情况,这会影响套期保值的效果,从这个角度上看套期保值交易也是存在风险的。许多企业虽然深知套期保值的原理和原则,但在具体实践中往往没有达到预期的保值效果,有的以失败告终并产生新的风险,其中重要的一条就是没有把握好期货市场客观存在的基差因素。因此,现货企业要做好期货市场套期保值业务,必须研究、运用和管理好基差,做好基差管理工作。

(1)基差不变。现货、期货价格波动的幅度完全一致,买入或者卖出两种套期保值方式在两个市场的盈亏均完全相抵,在不考虑手续费、资金占用成本等因素条件下,套期保值者的风险得到完全规避。

(2)基差走强。卖出套期保值者存在净盈利,买入套期保值者存在净亏损。因为基差走强意味着期货价格走势弱于现货价格,所以卖空期货的卖出保值在期货上盈利会超过现货,而买入套期保值正好相反。

(3)基差走弱。卖出套期保值者存在净亏损,买入套期保值者存在净盈利。因为基差走弱意味着期货价格走势强于现货价格。在价格趋升时,期货价格上涨幅度要大于现货价格;在价格趋降时,期货价格下跌幅度要大于现货价格。因此,买入期货套期保值在期货上的盈利超过现货,而卖出套期保值则正好相反。

五、套期保值有哪些案例?

1. 买入套期保值案例

对于棕榈油分提企业来说,当库存为零或者处于低库存时,其面临的市场价格风险主要来自原料(毛棕榈油或精炼棕榈油)价格上涨的风险。尽管目前中国棕榈油进口以精炼24度棕榈油为主,但国内主要港口仍旧存在一批分提企业,它们可将毛棕榈油提炼成不同熔点的精炼棕榈油。与此同时,为克服冬季温度偏低而影响棕榈油的使用,企业也可将24度棕榈油进一步分提为4度、8度、18度等不同低熔点的棕榈油。

国内大型棕榈油分提A企业需要在5月初采购8000吨棕榈油用于精炼加工销售。为了避免将来现货价格可能上升,导致原材料成本提高,该企业决定在大连商品交易所进行棕榈油期货买入套期保值操作。4月9日,棕榈油的现货价格为5900元/吨,而大连商品交易所棕榈油期货9月合约的价格为5860元/吨。于是该企业在期货市场上一次性买入800手9月棕榈油合约进行买入套保交易。到了5月7日,现货市场棕榈油现货价格上涨1400元/吨,相应期货市场上的棕榈油期货上涨956元/吨。具体交易过程见表6-1。

表6-1　　　　　　　　A企业进行套期保值的过程

日期/结果	现货市场	期货市场
4月9日	棕榈油价格5900元/吨	以5860元/吨的价格买入800手棕榈油9月合约,基差为40元/吨
5月7日	买进8000吨棕榈油,价格为7300元/吨	以6816元/吨的价格卖出800手棕榈油9月合约了结期货头寸,基差484元/吨
套保结果	现货采购成本增加1400元/吨	期货盈利956元/吨

买入套期保值交易保证金(假设保证金比例为13%):

5860 元/吨 × 10 吨/手 × 800 手 × 13% = 609.44（万元）

交易手续费（买入 800 手，卖出 800 手，共交易 1600 手）：

12 元/手 × 800 手 × 2 = 1.92（万元）

一个月的资金使用成本（计算按照一年期存款利率 1.5%）：

609.44 万元 × 1.5% × 1/12 = 0.76（万元）

如果该企业没有参与买入套期保值，一旦现货价格走高，企业必须承担由此造成的 1120 万元（1400 元/吨 × 8000 吨）采购成本增加的风险。而通过此次买入套期保值，该企业用较少的成本 2.68 万元（1.92 万元 + 0.76 万元），通过期货市场上 764.8 万元（956 元/吨 × 8000 吨）的盈利基本上抵消了现货市场上棕榈油采购成本大幅增加的风险，之所以没有达到完全套保或者出现超额利润的原因在于基差走强。但从套保效果来看，该企业获得了预期的效果。综合来看，该企业套保成功，充分体现期货市场对现货企业经营的重要性。

从该案例可以得出：第一，完整的买入套期保值涉及两笔期货交易。第一笔为买入期货合约，第二笔为在现货市场买入现货的同时，在期货市场卖出对冲原先持有的头寸。第二，因为在期货市场上的交易顺序是先买后卖，所以该案例是一个买入套期保值。第三，通过这一套期保值交易，虽然现货市场价格出现了对该企业不利的变动，该企业在现货市场的采购成本增加 560 万元，但是在期货市场上的交易盈利了 761.74 万元（764.8 万元 - 3.06 万元）。可见，该企业通过期货市场进行买期保值，用期货的盈利基本上弥补了现货的大部分亏损，成功地回避了原材料价格大幅上涨带来的风险。

假如该企业在现货市场上购买棕榈油时价格下跌，此时，期货市场出现亏损，但由于现货市场购买的棕榈油价格比之前的价格低，可以用于弥补期货市场的亏损，从而实现控制成本的目的。

2. 卖出套期保值案例

在我国，棕榈油完全依赖进口，棕榈油绝大部分来自东南亚地区的马来西亚和印度尼西亚两国。因此，国内现货市场价格的波动紧跟大马交易所毛棕榈油期货及国际宏观走势。2022 年 6 月开始，随着美联储加息从量变引发质变，大宗商品价格大幅下跌，棕榈油也不例外。在此次下跌过程中，国内部分油厂及贸易商经历了严峻考验，套期保值的重要性再次彰显。如果棕榈油现货企业能意识到期货市场的套期保值功能，及时采取措施，不仅可以规避风险，而且有望利用期货市场的盈利弥补现货亏损之后，获得部分利润。例如，港口进口贸易商参与了棕榈油期货的卖出套期保值，就可以锁定利润，无论进口过程中现货价格如何暴跌，企业依然有机会获取预期利润。

10月9日，棕榈油现货价格已经暴跌至5714元/吨，后市依然有望进一步扩大下跌空间。这对于拥有高位库存的进口棕榈油企业来说，无疑面临巨大风险。此时，国内某港口大型棕榈油进口B企业与马来西亚的棕榈油供货商签订了1000吨11月船期的进口棕榈油订货合同，按照当日的汇率、关税等可以计算出当日的棕榈油进口成本价在5556.14元/吨，其进口利润为157.86元/吨。由于从订货到装船运输再到国内港口的时间预计要10天左右，考虑到金融危机的影响会进一步蔓延，市场价格可能会继续下滑，企业进口利润面临缩水风险。于是，该企业于10月9日在大连商品交易所期货市场卖出100手棕榈油1月期货合约进行保值，成交均价为5576元/吨。到10月29日，进口棕榈油到港卸货完备，此时终端市场需求低迷及贸易商囤货意愿不强致使该企业短时间难以寻找到买家。直到11月14日，该企业才以4850元/吨的价位卖给中间贸易商及内陆某食品企业。该企业将手中库存销售完毕的同时在期货市场上买入100手棕榈油1月合约进行对冲平仓，成交均价为4430元/吨。具体操作见表6-2。

表6-2　　　　　　　　B企业进行套期保值的过程

日期/结果	现货市场	期货市场
10月9日	价格：现货5714元/吨 操作：与马来西亚签订合同	价格：5576元/吨，基差138元/吨 操作：卖出100手（1000吨）棕榈油合约
11月14日	价格：现货4850元/吨 操作：市价卖出1000吨	价格：4430元/吨，基差420元/吨 操作：买入平仓100手
各市场结果	亏损： (5714-4850)×1000=86.4万元	盈利： (5576-4430)×100×10=114.6万元
套保结果	盈利：-86.4+114.6=28.2万元	

卖出套期保值交易保证金（保证金比例为13%）：
5576元/吨×10吨/手×100手×13% = 72.488（万元）
交易手续费（卖出100手，买入100手，共交易200手）：
12元/手×100手×2 = 0.24（万元）
一个月的资金使用成本（计算按照一年期定期存款利率1.5%）：
72.488万元×1.5%×1/12 = 0.09（万元）

通过此次套期保值，该企业用较少的成本0.33万元（0.24万元+0.09万元），不仅对157.86元/吨的进口利润进行了锁定，而且还获得了27.82万元的超额利润，保值者得到了完全的保护，套保成功。如果该企业没有参与套期保值，一旦现货价格走低，它的进口利润将被压缩至71.46万元（157.86万元-86.4万元）。

另外，该套期保值操作过程中，基差（现货价格与期货价格的差价）从10月9日的138元/吨上升至11月14日的420元/吨，因此，阶段期货价格下跌幅度远比现货价格大，基差出现阶段性的变强，使卖出套期保值交易者在保住进口利润157.86元/吨的同时，还获得了一定超额利润。

因此，对于卖出套期保值，基差走强将对其有利。这里需要强调的是，卖出套期保值的目的是规避现货价格的下跌风险，进而锁定销售利润，其根本目的在于在价格下跌中实现自我保护。

六、套期保值的风险注意事项有哪些？

1. 基差风险

在套期保值组合持有期间，基差会处于不断扩大或缩小的变化中，因而使套期保值组合产生损益。

2. 决策风险

套期保值虽然有两个方向，但并不意味着可以不考虑市场的走势，如果对期货市场行情判断失误，则可能作出相反的决策。

3. 财务风险

当生产经营规模较大时，期货头寸数量也较大，而且由于生产经营的连续性，头寸持有的时间也相对较长，即使套期保值方向正确，也容易产生财务风险。

4. 流动风险

不同期货合约，其活跃程度和流动性都不同。为了规避流动性风险，应尽量选择交易量比较大的近月合约作为套期保值合约。

5. 投资风险

期货投机有时能够给企业带来巨额的利润，因此，有些企业经常放弃套期保值的宗旨，或者并不严格执行套期保值方案，在市场方向发生变化或判断失误时给企业带来损失。

6. 操作风险

信息系统和内部控制中存在的缺陷导致的风险，主要来自员工、流程及系统这3个环节。解决操作风险的根本在于企业必须建立有效的内控制度、严格的报告制度和及时的检查制度。

自 测 题

一、不定项选择题

1. 以下说法不正确的是（　　）。
   A. 通过期货交易形成的价格具有周期性
   B. 系统风险对投资者来说是不可避免的
   C. 套期保值的目的是规避价格风险
   D. 因为参与者众多、透明度高，期货市场具有发现价格的功能

2. 期货交易中套期保值的作用是（　　）。
   A. 消除风险　　　B. 转移风险　　　C. 发现价格　　　D. 交割实物

3. 某食品企业为了避免棕榈油现货价格风险，在大连商品交易所做买入套期保值，买入10手棕榈油期货合约建仓，基差为-20元/吨，卖出平仓时的基差为-50元/吨，该企业在套期保值中的盈亏状况是（　　）元。

A. 盈利 3000　　B. 亏损 3000　　C. 盈利 1500　　D. 亏损 1500

4. 套期保值的原理包括（　　）。

A. 交易方向相反　　　　　　B. 商品种类相同或相近

C. 数量相等或相当　　　　　D. 月份相同或相近

二、判断题

1. 套期保值是指以完全回避现货价格风险为目的的期货交易行为。
（　　）

2. 现货市场与期货市场价格随着期货合约到期日的临近，两者趋向一致。（　　）

3. 买入套期保值是指经营者为了回避将来购进商品时因价格上涨给自己造成采购成本增加，而预先在期货市场上买入同等数量的期货合约进行保值。（　　）

参考答案

一、不定项选择题

1. A　　2. B　　3. A　　4. ABCD

二、判断题

1. ×　　2. √　　3. √

第七章

棕榈油期权及期权交易入门

本章要点

> 2021年6月18日，大连商品交易所棕榈油期权合约正式挂牌交易，并同步引入境外交易者参与交易，成为我国首个引入境外交易者的期权品种。大连商品交易所棕榈油期货、棕榈油期货期权自上市以来运行稳健，交投活跃，不仅是全球流动性最好的棕榈油衍生品系列，更是相关产业企业风险管理，套期保值的重要工具。

棕榈油期权合约的内容较期货合约更加丰富，体现的信息更为充分，对风险的揭示更为全面，利用棕榈油期权进行风险管理更为精致和细密，更能满足企业多样化风险管理的需求。本章主要介绍了棕榈油期权的合约设计、交易规则及风险管理细则，并在最后一节着重对期权交易策略进行了详细介绍，包括单一期权策略、价差策略、波动率策略等，投资者可以利用不同的期权组合，构造出不同的投资策略，从而达到投资的目的。

一、什么是棕榈油期权合约？

2007年，大连商品交易所上市了棕榈油期货，并于2020年12月正式对外开放。2021年，大连商品交易所上市了棕榈油期货期权并同步对外开放。大商所棕榈油期货、期权自上市以来运行稳健，交投活跃，不仅是全球流动性最好的棕榈油衍生品系列，更是相关产业、企业风险管理、套期保值的重要工具。我国境内约70%的棕榈油现货贸易都是通过基于大商所棕榈油期货价格的基差定价模式进行。

期权是指在未来某特定时间以特定价格买入或卖出一定数量的某种特定商品的权利。它是在期货的基础上产生的一种金融工具，给予买方（或持有者）购买或出售标的资产的权利。

期权的功能：（1）更便于风险管理。企业如采用买入棕榈油期权方式来避险，持有期权期间不需要缴纳保证金，不用担心后续保证金管理问题。（2）更能有效度量风险。棕榈油期权的权利金包含了时间、期货价格波动性风险等因素，因而在管理方向性风险的同时，还可以管理波动性风险。（3）棕榈油期权合约的内容较期货合约更加丰富，体现的信息更为充分，对风险揭示更为全面，利用棕榈油期权进行风险管理更为精致和细密，更能满足企业多样化风险管理的需求。

棕榈油场内期权又称为交易所期权，是指由交易所设计并在交易所集中交易的标准化期权。棕榈油期权是以棕榈油期货为交易标的的期权品种，已于2021年6月18日在大连商品交易所挂牌上市。

1. 期权合约

棕榈油期权合约，是指期货交易场所统一制定的、规定买方有权在将来某一时间以特定价格买入或者卖出约定棕榈油期货的标准化合约。具体如表7-1所示。

表 7-1　　　　　　　大连商品交易所棕榈油期权合约

项目	合约内容
合约标的物	棕榈油期货合约
合约类型	看涨期权、看跌期权
交易单位	1手（10吨）棕榈油期货合约
报价单位	元（人民币）/吨
最小变动价位	0.5元/吨
涨跌停板幅度	与棕榈油期货合约涨跌停板幅度相同
合约月份	1月至12月
交易时间	每周一至周五上午9：00—11：30，下午13：30—15：00，以及交易所规定的其他时间
最后交易日	标的期货合约交割月份前一个月的第5个交易日 自期货合约P2501对应的期权合约起实施，标的期货合约交割月份前一个月的第12个交易日，交易所可以根据国家法定节假日调整最后交易日
到期日	同最后交易日
行权价格	行权价格覆盖棕榈油期货合约上一交易日结算价上下浮动1.5倍当日涨跌停板幅度对应的价格范围。最近六个自然月对应的期权合约：行权价格≤5000元/吨，行权价格间距为50元/吨；5000元/吨＜行权价格≤10000元/吨，行权价格间距为100元/吨；行权价格＞10000元/吨，行权价格间距为200元/吨 第七个及随后自然月对应的期权合约：行权价格≤5000元/吨，行权价格间距为100元/吨；5000元/吨＜行权价格≤10000元/吨，行权价格间距为200元/吨；行权价格＞10000元/吨，行权价格间距为400元/吨
行权方式	美式。买方可以在到期日之前任一交易日的交易时间，以及到期日15：30之前提出行权申请
交易代码	看涨期权：P－合约月份－C－行权价格 看跌期权：P－合约月份－P－行权价格
上市交易所	大连商品交易所

注：1. 日盘交易分三个交易小节，分别为第一节9：00—10：15、第二节10：30—11：30和第三节13：30—15：00。

2. 本品种已开展夜盘交易，夜盘交易时间为21：00—23：00。

期权合约的主要条款包括：合约标的、合约类型、交易代码、交易单位、报价单位、最小变动价位、合约月份、涨跌停板幅度、交易时间、最后交易日和到期日、行权价格、行权方式等。

2. 合约条款及说明

（1）合约标的。棕榈油期权合约的标的物为棕榈油期货合约。与现货相比，商品期货标准化程度高，价格公开、透明、连续，更适于作为期权的标的物。

（2）交易代码。交易代码采用 P－合约月份－C－行权价格（看涨期权）；P－合约月份－P－行权价格（看跌期权）的格式。C 和 P 分别代表看涨期权和看跌期权的合约类型代码。如 P－2109－C－7500，代表标的为 2021 年 9 月交割的棕榈油期货、行权价格为 7500 元/吨的看涨期权。

（3）交易单位。期权交易单位是指 1 手期权合约对应标的期货合约的数量，1 手棕榈油期权对应 1 手（10 吨）棕榈油期货合约。

（4）报价单位。棕榈油期权报价单位与标的期货合约一致，为元（人民币）/吨。

（5）最小变动价位。最小变动价位是指该期权合约单位价格涨跌变动的最小值。从已上市期权品种运行情况来看，通常浅虚值期权合约较为活跃，其价格波动小于标的期货的 1/2，设置较小的最小变动价位，有利于提高报价精度，使期权价格能够及时、有效地反映标的期货价格的变动。因此，棕榈油期权最小变动价位均设置为 1 元/吨，与标的期货最小变动价位的比例不超过 1/2。

（6）涨跌停板幅度。涨跌停板幅度是指期权合约在一个交易日中上涨或下跌的最大值。大连商品交易所棕榈油期权合约涨跌停板幅度与标的棕榈油期货合约涨跌停板幅度相同。当期权价格小于停板幅度时，跌停板价格取期权合约的最小变动价位。

（7）行权方式。棕榈油期权是美式期权，买方在合约到期日及其之前任一交易日均可行使权利。美式期权行权灵活便利，可以降低期权集中到行权对标的市场运行的影响，是国际市场商品期货期权的主流行权方式。

（8）合约月份。合约月份是指期权合约对应的标的期货合约的交割月份。棕榈油期权合约的月份为 1 月至 12 月，与标的期货合约月份一致。期货合约的所有月份均有对应的期权合约，便于每一期货合约都有可选择的期权合约进行套期保值和策略组合。

（9）行权价格。期权行权价格是指由期权合约规定的，买方有权在将来某一时间买入或者卖出标的期货合约的价格。期权行权价格覆盖的范围应该适当宽泛，即便在期货价格波动较大时，仍然能够满足投资者对平值、实值、虚值期权的避险需求。在一定范围内，期权的行权价格数量应当适量，数量过多会分散单一期权合约的流动性，过少则可能导致缺乏相应合约构建策略组合。

随着期货价格的变动，到期日前的每一个交易日大连商品交易所将根据上一交易日标的期货结算价上下浮动1.5倍当日涨跌停板幅度对应的价格范围，增挂新行权价格的期权合约，满足投资者多样化避险需求。

（10）行权价格间距。行权价格间距是指相邻两个行权价格之间的差。从棕榈油期货历史数据来看主要在5000元/吨至10000元/吨区间内波动。大商所采用分段式行权价格间距的方式，最近六个自然月对应的期权合约，棕榈油期权行权价格小于等于5000元/吨时，行权价格间距为50元/吨；行权价格大于5000元/吨且小于等于10000元/吨时，行权价格间距为100元/吨；行权价格大于10000元/吨时，行权价格间距为200元/吨。第七个及随后自然月对应的期权合约，行权价格间距则翻倍。具体见表7-1。

（11）交易时间。棕榈油期权合约交易时间与标的期货一致。

（12）最后交易日与到期日。最后交易日是指期权合约可以进行交易的最后一个交易日，到期日同最后交易日。为保证期权买方（卖方）在最后交易日能够顺利行权（履约），同时保证到期日后有充裕的时间对行权（履约）获得的期货持仓进行了结，棕榈油期权合约最后交易日设定为各标的期货合约交割月份前一个月的第5个交易日。自期货合约P2501对应的期权合约起实施，标的期货合约交割月份前一个月的第12个交易日，交易所可以根据国家法定节假日调整最后交易日。

二、棕榈油期权交易有哪些规则？

1. 账户编码

期权交易与期货交易使用相同的交易编码，期权交易权限根据交易者适当性规则另行开通。

2. 交易指令

期权的限价指令与期货相同，对期权合约提供限价指令和限价止损（盈）等指令。限价指令可以附加立即全部成交否则自动撤销（FOK）和立即成交剩余指令自动撤销（FAK）两种指令属性。为防范错单风险，棕榈油期权上市初期暂不提供市价交易指令，这与豆粕、铁矿石等期权一致。

3. 询价

交易者可以向做市商询价，对于活跃的合约，做市商将持续报价，对于不活跃的合约，做市商回应询价。

4. 合约挂盘与摘盘

挂盘：新上市期货合约成交后，相应期权合约于下一交易日上市交易。期权合约上市交易后，大连商品交易所将在每个交易日闭市后，根据其标的期货合约的结算价格和涨跌停板幅度，按照期权合约行权价格间距的规定，挂盘新行权价格的期权合约，到期日前一交易日闭市后不再挂盘新行权价格的期权合约。

摘盘：大连商品交易所可以对无成交、无持仓的上市期权合约摘盘。

5. 期权结算价

期权结算价是根据隐含波动率确定各期权合约的理论价。

在非最后交易日：若某月份期权合约有成交，则选取隐含波动率加权平均确定结算价；若某月份所有期权合约无成交，则选取临近有成交系列的隐含波动率（优先取前月）来确定结算价；若某品种所有月份期权合约当日均无成交，则选取前一交易日隐含波动率或选取历史波动率来确定结算价。

在最后交易日：

看涨期权结算价 = Max（标的期货合约结算价 − 行权价格，tick）

看跌期权结算价 = Max（行权价格 − 标的期货合约结算价，tick）

（1）期权结算价的特点。期权系列合约存在价格的约束关系，不能简单加权平均。影响期权价格的主要因素是波动率，因此需要用隐含波动率定价。

（2）期权结算价的作用。收取卖方保证金的依据以及确定下一交易日合约涨停板的依据。每日交易结束后，大连商品交易所将按照当日结算价，结算所有合约的盈亏、交易保证金及手续费等费用，实行款项的净额划转。

6. 期权头寸的了结

市场上许多投资者交易期权不完全是为了行权获得标的期货合约，而是为了获取权利金的价差。商品期权合约处理方式分为平仓、行权和放弃三种（见表7-2）。

表7-2　　　　　　　　　商品期权合约了结方式

了结方式	内容
平仓	买入或卖出与持有期权方向相反、数量相等的一个期权；与期货平仓一致
行权	买方行使权利，从而使期权合约转换为标的期货合约；期权买卖双方持有的期权合约相应减少，转化为相对应的期货合约持仓；买卖双方因期权交易而产生的权利和义务关系也被解除
放弃	对没有内在价值，或其内在价值不足以抵补交易成本的，买方可以持有至到期日放弃；通过放弃了结，不收取手续费；放弃意味着买方付出的权利金完全损失，也是买方的最大损失

平仓是指投资者买入或者卖出与其所持有期权合约的品种、数量、月份、类型和行权价格相同，但交易方向相反的期权合约，以了结期权持仓的方式。

行权是指期权买方行使权利，从而使期权合约转换为期货合约的了结方式。

放弃是指期权合约到期，对没有内在价值或者内在价值不足以抵补交易成本的，买方未申请行使权利的期权合约了结方式。放弃不收取手续费，但是损失全部权利金。

7. 行权资金要求

买方资金不足可能导致行权失败。期权买方行权时，其资金余额应当满足期货交易保证金要求。

8. 自动行权

根据规则，到期日闭市后，实值期权将自动行权。需要注意的是自动行权本质是自动申请（全部持仓）；取消到期自动行权后仍可申请行权；自动行权参与校验，投资者需要预留充足资金。

三、棕榈油期权交易时如何做好风险管理？

大商所期权风险管理实行保证金、涨跌停板、持仓限额、强行平仓、大户报告、风险警示等制度。

1. 保证金

交易所实行保证金制度。在期权交易中，只有卖方缴纳保证金，单腿保证金 = 权利金 + Max（标的期货合约交易保证金 - 1/2 × 期权虚值额，1/2 × 标的期货合约交易保证金）。

单腿期权合约保证金标准应覆盖卖方次日最大损失的风险。卖方主要风险是平仓付出权利金的风险，包括两部分：权利金前结算价（权利金部分）和次日权利金的最大波动（见表 7-3）。

表 7-3　　　　　　　　期权合约保证金的计算标准

项目	虚值额	期权保证金
深实值	0	权利金 + 期货保证金
浅实值	0	权利金 + 期货保证金
平值	0	权利金 + 期货保证金
浅虚值	虚值额 < 期货保证金	权利金 + 期货保证金 - 1/2 期权虚值额
深虚值	虚值额 > 期货保证金	权利金 + 1/2 期货保证金

注：虚值额以期货结算价和期权行权价格计算，权利金计算采取的是权利金结算价。

2. 涨跌停板

期权合约涨跌停板幅度与标的期货合约涨跌停板幅度相同。期货合约涨停板幅度详见大商所网站（首页—业务/服务—交易参数—日交易参数）。

3. 持仓限额

期权持仓限额是指交易所规定非期货公司会员和客户可以持有的，按某月份（期权系列）单边计算的期权合约持仓的最大数量。期权合约在其交易过程中的不同阶段分别适用不同持仓限额，该阶段的时间划分与标的期货合约相同。

期权单独分开实行持仓限额不影响期货，有利于控制期货市场持仓规模，便于对期货、期权市场有针对性地实施风控措施，对期货和期权合并持仓进行监控。

限仓方式：期货、期权分开限仓，不合并限仓；

买方向＝买看涨＋卖看跌；

卖方向＝买看跌＋卖看涨。

限仓标准：不得超过同阶段标的期货合约的单边持仓限额，交易所可根据市场情况进行调整。

4. 大户报告制度

非期货公司会员、境外特殊非经纪参与者和客户因期权行权超出期货限仓标准的，交易所按照有关规定实行强行平仓措施。

当会员、境外特殊参与者和客户出现下列情形之一时，交易所有权对其持仓进行强行平仓：会员或其受托结算的任一明细账户的结算准备金余额小于零，并未能在规定时限内补足的；非期货公司会员、境外特殊非经纪参与者和客户持仓量超出其限仓规定的；因违规受到交易所强行平仓处罚的；根据交易所的紧急措施应予强行平仓的；其他应予强行平仓的。

强行平仓的执行原则：强行平仓前先由会员、境外特殊参与者自己执行，会员应督导委托其交易结算的境外特殊参与者、境外中介机构和客户执行。除交易所特别规定外，对开设夜盘交易的品种，其时限为夜盘交易小节、日盘交易的第一节和第二节交易时间内；对未开设夜盘交易的品种，其时限为第一节和第二节交易时间内。若时限内会员未执行完毕，则第三节起由交易所强制执行。因会员或其受托结算的任一明细账户的结算准备金小于零而被要求强行平仓的，在保证金补足至最低结算准备金余额前，禁止该明细账户的开仓交易。

5. 棕榈油期权、期货风险制度对比（见表7-4）。

表 7–4　　　　　　棕榈油期权、期货风险制度对比

项目	棕榈油期货	棕榈油期权
保证金	买方 + 卖方	卖方
涨跌停板	按照棕榈油期货结算价一定比例计算的幅度	按照标的棕榈油期货结算价一定比例计算的幅度
持仓限额	一般月份、临近交割月份和交割月份适用不同限仓标准	期权进行固定值持仓限额
强行平仓	客户超仓、会员资金不足和其他违规	客户超仓、会员资金不足和其他违规
强制减仓	期货三个同方向停板下，交易所有权决定是否强制减仓	期权三个同方向停板下交易所有权决定是否强制减仓
大户报告	投机限仓标准的 80%	投机限仓标准的 80%

四、期权交易适当性规则有哪些？

交易所期权合约实行交易者适当性制度。交易者应当根据适当性制度的要求，全面评估自身市场及产品认知能力、风险控制与承受能力和经济实力，审慎决定是否参与期权交易。

期货公司会员应当评估客户对期权交易的认知水平和风险承受能力，充分揭示风险，将适当的产品提供给适合的客户。

交易者可以根据《大连商品交易所期货交易者适当性管理办法》向期货公司会员申请开通期权交易权限，期权交易权限不区分品种，已经开通大商所期权交易权限的交易者可以直接参与棕榈油期权交易。

期货公司会员为单位客户开通期权交易权限时，单位客户应当符合以下标准：相关业务人员具备期货交易基础知识，了解相关业务规则；具有累计不少于 10 个交易日且 20 笔及以上的境内交易场所的期货合约或者期权合约仿真交易成交记录；或者近 3 年内具有 10 笔及以上的境内交易场所的期货合约、期权合约或者集中清算的其他衍生品交易成交记录；或者近 3 年内具有 10 笔及以上的在与中国证券监督管理委员会签署监管合作谅解备忘录的国家（地

区）期货监管机构监管的境外交易场所的期货合约、期权合约或者集中清算的其他衍生品交易成交记录（以下简称认可境外成交记录）；申请开通交易权限前连续5个交易日保证金账户可用资金余额均不低于人民币10万元或者等值外币；具有健全的内部控制风险管理等期货交易管理相关制度；不存在严重不良诚信记录被有权监管机关宣布为期货市场禁止进入者和法律、法规、规章、交易所业务规则禁止或者限制从事期货交易的情形；交易所要求的其他条件。

期货公司会员为个人客户开通期权交易权限时，个人客户应当符合以下标准：具备完全民事行为能力；具备期货交易基础知识，了解相关业务规则；具有累计不少于10个交易日且20笔及以上的境内交易场所的期货合约或者期权合约仿真交易成交记录；或者近3年内具有10笔及以上的境内交易场所的期货合约、期权合约或者集中清算的其他衍生品交易成交记录；或者近3年内具有10笔及以上的认可境外成交记录；申请开通交易权限前连续5个交易日保证金账户可用资金余额均不低于人民币10万元或者等值外币；不存在严重不良诚信记录被有权监管机关宣布为期货市场禁止进入者和法律、法规、规章、交易所业务规则禁止或者限制从事期货交易的情形；交易所要求的其他条件。

具有境内交易场所实行适当性制度的其他上市品种交易权限的客户，申请开立大商所期权交易权限的，期货公司会员可以不对其进行基础知识、交易经历评估前述品种的资金要求不低于大商所规定的可用资金余额要求，期货公司会员可以不再对其进行资金评估。

期货公司会员应当充分使用已了解信息和已有评估结果，已通过适当性评估获得大商所某上市品种交易权限的客户，在同一期货公司会员可以自动获得大商所其他上市品种交易权限，可以不对其重复进行适当性评估。

除法律、法规、规章以及中国证监会另有规定外，期货公司会员为以下客户开通期权交易权限的，可以不对其进行大商所适当性规则规定的基础知识、交易经历、可用资金评估：符合《证券期货投资者适当性管理办法》规定的专业投资者；已开通大商所期权交易权限再通过其他期货公司会员开通大商所期权交易权限的客户，近一年内具有累计不少于50个交易日境内交易场所的期货合约、期权合约或者集中清算的其他衍生品交易成交记录的客户；做市商特殊单位客户等交易所认可的其他交易者。

五、期权交易策略有哪些？

期权交易策略灵活多样，投资者可以利用不同的期权组合，构造出不同的投资策略，来达到投资目的。期权策略包括单一期权策略、价差策略、波动率策略等。下面对各种策略及其使用场景进行简单介绍（下文所涉及的期权均为美式期权，并假设当其中一种变量发生变化时，其余变量均为定值）。

1. 单一期权策略

（1）买入看涨期权。基本构建原理：投资者支付一笔权利金 C，买入一定行权价格 X 的看涨期权，便可享有在到期日之前买入或不买入棕榈油期货的权利。若棕榈油期货价格 S 上涨投资者可以行权或平仓，获得价格上涨的收益。若价格不涨反跌，则除了平仓止损外，还可以选择放弃。投资者预期棕榈油期货价格将出现快速大幅上涨时可选择买入看涨期权（见图 7 - 1）。

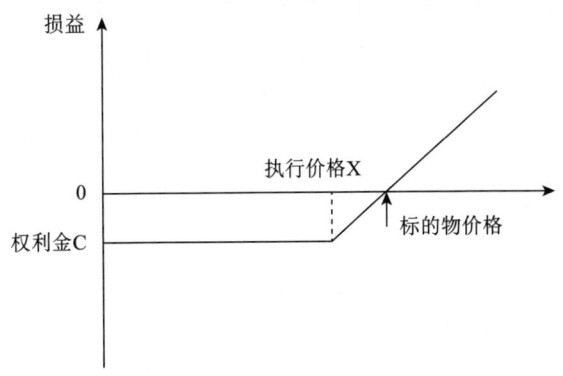

图 7 - 1 买入看涨期权损益

当 $S > X + C$ 时，收益 $= S - (X + C)$；

当 $S = X + C$ 时，损益平衡；

当 $X < S < X + C$ 时，亏损 $= S - (X + C)$；

当 $S \leq X$ 时，最大亏损 $= C$。

期权到期时，市场价格上涨超过盈亏平衡点越多，期权买方的收益越大。买入看涨期权属于损失有限、收益无限的策略。买入看涨期权优点：理论上潜在收益无限，风险有限。缺点：看涨期权为"递耗资产"。当棕榈油期货价格不断下跌时，看涨期权的时间价值逐日衰减，可能会亏损全部权利金。

因获利机会相对较少，买入看涨期权策略不一定为看涨后市的最佳选择。只有出现快速拉涨的行情，买入看涨期权才有较好的收益。根据芝加哥商业交易所的调研数据："买入期权到期失效的概率大约是75%。"

（2）卖出看涨期权。基本构建原理：当投资者预期棕榈油期货价格不涨（下跌或上涨幅度不大）时卖出看涨期权较为适宜。投资者以一定的行权价格 X 卖出看涨期权，获得权利金 C。卖出看涨期权得到的是义务而不是权利。如果买方要求行权，那么投资者必须履行义务。通常情况下，当棕榈油期货价格大于行权价格与权利金之和时，买方选择行权的可能性增加，而投资者面临的履约风险增加。若此时买方提出行权，投资者将被迫接受期权履约，以行权价格获得棕榈油期货合约的空头，用权利金抵补部分价差损失。当棕榈油价格小于行权价格时，投资者的履约风险减小，获利机会增加，若到期日看涨期权仍为虚值，则投资者将获得全部权利金。投资者还有另一种操作方式，即如果发现情况不乐观，可以在期权买方并未提出行权之前，将看涨期权平仓，从而获得权利金价差收入或损失。当投资者预期棕榈油期货价格不涨（下跌或上涨幅度不大）时卖出看涨期权较为适宜（见图 7-2）。

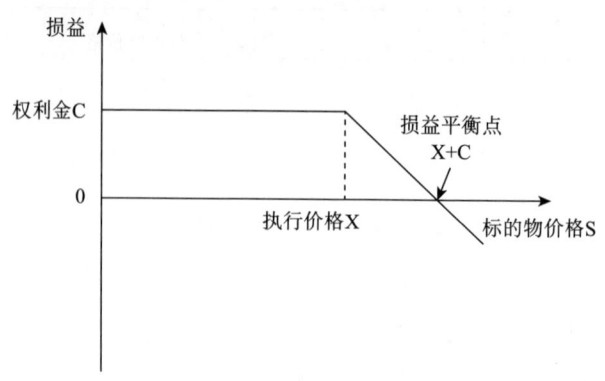

图 7-2 卖出看涨期权损益

当 S ≤ X 时，最大收益 = C；

当 X < S < X + C 时，收益 = (X + C) - S；

当 S = X + C 时损益平衡；

当 S > X + C 时，亏损 = (X + C) - S。

卖出看涨期权的优点：在棕榈油期货价格盘整或波动不大的情况下，可获得收益。缺点：如果棕榈油价格大幅上涨，投资者将面临风险。

(3) 买入看跌期权。基本构建原理：投资者支付一笔权利金 P，买进一定行权价格 X 的看跌期权，便可享有在到期日之前，卖出或不卖出棕榈油期货的权利。当棕榈油期货价格下跌至行权价格以下时，投资者可以行权，以高价获得棕榈油期货空头部位，然后按下跌后的价格平仓，获得价差收益，在抵补权利金支出后还有盈余。当价格下跌时也可以卖出期权平仓，从而获得权利金价差收益。如果价格不跌反涨，除了平仓止损外，还可以放弃。当投资者预期市场价格将快速下跌时，可以买入看跌期权（见图 7-3）。

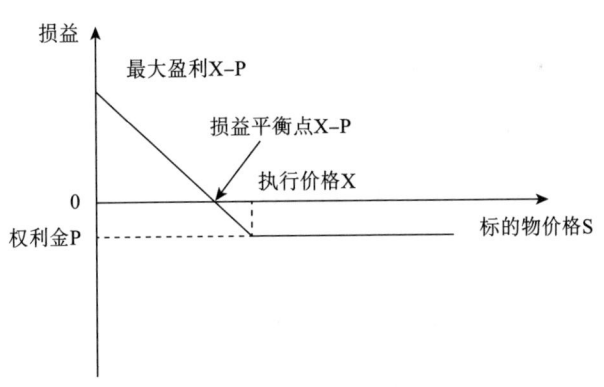

图 7-3 买入看跌期权损益

当 S = 0 时，最大收益 = X - P；

当 0 < S < X - P 时，收益 = X - P - S；

当 S = X - P 时，损益平衡；

当 X - P < S < X 时，亏损 = X - P - S；

当 S > X 时，最大亏损 = P。

买入看跌期权的优点：理论上潜在收益巨大，风险有限。缺点：看跌期权和看涨期权一样也是"递耗资产"。当棕榈油期货价格不断上涨时，看跌期权的时间价值逐日衰减,可能亏损全部权利金。

(4) 卖出看跌期权。基本构建原理:投资者以一定的行权价格 X 卖出看跌期权,得到权利金 P。卖出看跌期权得到的是义务而不是权利。当棕榈油期货价格下跌至行权价格以下时,买方行权可能性增加,投资者将被迫履约,以行权价格获得棕榈油期货多头部位,以权利金收入抵补平仓后的价差损失。在买方提出履约前,投资者可以随时将看跌期权平仓,获得价差收益或损失。如果买方到期放弃,则投资者获得全部权利金。当投资者预期棕榈油期货价格不跌(上涨或上涨幅度不大)时,卖出看跌期权较适宜(见图 7-4)。

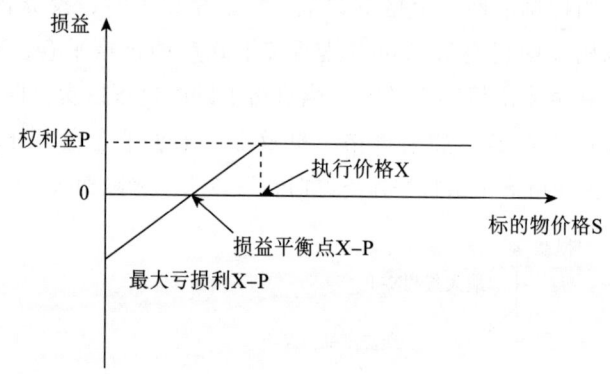

图 7-4 卖出看跌期权损益

当 $S > X$ 时,最大收益 $= P$;

当 $X - P < S < X$ 时,收益 $= S + P - X$;

当 $S = X - P$ 时,损益平衡;

当 $0 < S < X - P$ 时,亏损 $= S + P - X$;

当 $S = 0$ 时,最大亏损 $= P - X$。

卖出看跌期权的优点:在棕榈油期货价格盘整或波动不大的情况下,仍可获得收益。缺点:如果棕榈油价格大幅下跌,投资者将面临风险。

2. 价差策略

本章主要介绍垂直价差策略,该策略以不同的行权价格,同时买进和卖出同一合约月份的看涨期权或看跌期权。之所以被称为垂直价差,是因为本策略除行权价格不同外,其余要素都是相同的,而行权价格和对应的权利金在期权 T 型报价行情界面上是垂直排列的。

垂直价差套利策略主要有四种形式：牛市看涨期权价差、牛市看跌期权价差、熊市看涨期权价差、熊市看跌期权价差。

（1）牛市看涨期权价差策略。牛市价差策略是期权价差策略中比较常用的一种，投资者预期棕榈油期货价格在未来会以一定幅度上涨，并力求稳中求胜。这时投资者可以选择较低成本的牛市价差期权，在棕榈油价格上涨至一定幅度后，发挥止盈止损的功效。投资者要实现该种策略的做法有两种，即分别运用看涨期权和看跌期权。其中，牛市看涨期权价差策略是运用看涨期权来构造的。

基本构建原理：牛市看涨期权价差策略由买入一手平值或虚值看涨期权，并卖出一手虚值程度更深（行权价格更高）的看涨期权组成。由于买入看涨期权的权利金高于卖出看涨期权的权利金，所以投资者通常要净支出权利金。投资者预期市场价格上涨，但上涨幅度有限或者投资者想减少买入看涨期权所支付的权利金成本，可使用牛市看涨期权价差策略（见图 7-5）。

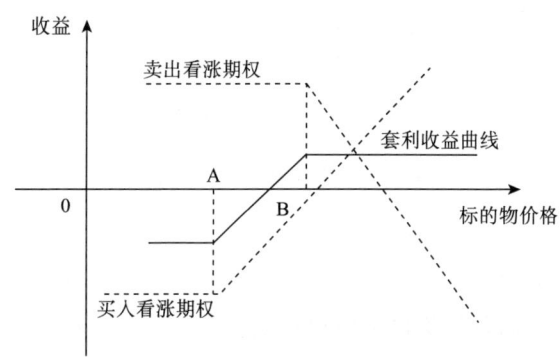

图 7-5 牛市看涨期权损益

最大风险：净权利金；

最大收益：（高行权价格 - 低行权价格）- 净权利金；

损益平衡点：低行权价格 + 净权利金；

行权/履约后头寸：看涨期权多头转换为棕榈油期货多头，看涨期权空头转换为棕榈油期货空头。

牛市看涨期权价差策略的优点：在买入看涨期权后，卖出看涨期权，减少了权利金成本,从而降低了损益平衡点。此外,该策略最大风险确定,为权利金净支出。缺点:采用此交易策略,限定了最大收益,无法获得市场价格上涨超过卖出看涨期权行权价格所带来更大收益。

(2)牛市看跌期权价差策略。基本构建原理:牛市看跌期权价差策略由卖出一手平值或虚值的看跌期权,并买入一手虚值程度更深(行权价格更低)的看跌期权组成。由于卖出看跌期权的权利金高于买入看跌期权的权利金,所以投资者通常会净收入权利金。投资者预期市场价格上涨,但上涨幅度有限,或者投资者不愿承受卖出看跌期权最大亏损 X-P 的风险,可使用牛市看跌期权价差策略(见图 7-6)。

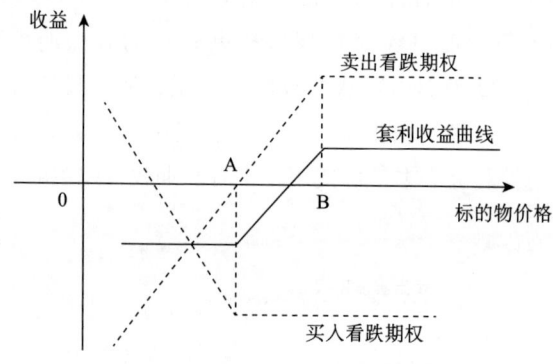

图 7-6 牛市看跌期权损益

最大风险:(高行权价格-低行权价格)-净权利金;

最大收益:净权利金;

损益平衡点:高行权价格-净权利金;

行权/履约后头寸:看跌期权多头转换为棕榈油期货空头,看跌期权空头转换为棕榈油期货多头。

牛市看跌期权价差策略的优点与牛市看涨期权价差策略相同,优点是最大风险确定。缺点是采用此交易策略,限定了最大收益,无法获得市场价格上涨超过卖出看跌期权行权价格所带来更大收益。

(3)熊市看跌期权价差策略。基本构建原理:熊市看跌期权价差策略由买入一手平值或虚值的看跌期权,并卖出一手虚值程度更深(行权价更低)的看跌期权组成。由于买入看跌期权的权利金高于卖出看跌期权的权利金，所以投资者通常要净支出权利金。投资者预期市场价格下跌但跌幅有限，或者投资者想减少买入看跌期权所支付的权利金成本，可使用熊市看跌期权价差策略（见图7-7）。

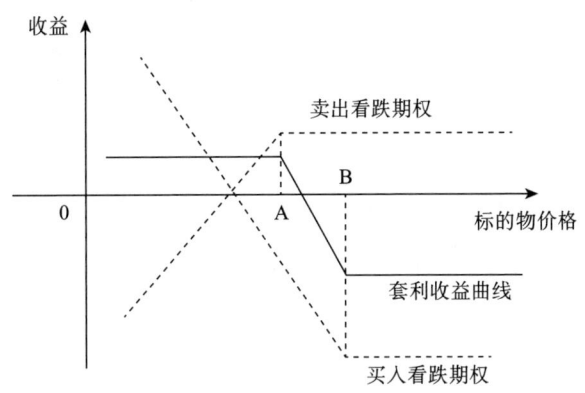

图7-7 熊市看跌期权损益

最大风险：净权利金；

最大收益：（高行权价格－低行权价格）－净权利金；

损益平衡点：高行权价格－净权利金支出；

行权/履约后头寸：看跌期权多头转换为棕榈油期货空头，看跌期权空头转换为棕榈油期货多头。

熊市看跌期权价差策略的优点：在买入看跌期权后，再卖出看跌期权，减少了权利金成本，从而降低了损益平衡点。此外，该策略最大风险是权利金净支出。缺点：采用此交易策略，限定了最大收益，即无法获得市场价格大幅下跌时买入看跌期权所带来的更大收益。

（4）熊市看涨期权价差策略。基本构建原理：熊市看涨期权价差策略由卖出一手平值或虚值的看涨期权，并买入一手虚值程度更深的看涨期权组成。由于卖出看涨期权的权利金高于买入看涨期权的权利金，所以投资者通常会净收入权利金。投资者预期市场价格下跌但跌幅有限，或者投资者想减少卖出看涨期权的无限风险，可使用熊市看涨期权价差策略（见图7-8）。

最大风险：（高行权价格－低行权价格）－最大收益；

最大收益：净权利金；

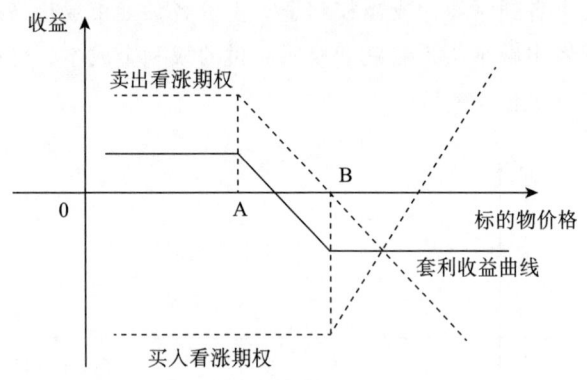

图 7-8 熊市看涨期权损益

损益平衡点：高行权价格 - 最大风险；

行权/履约后头寸：看涨期权多头转换为棕榈油期货多头，看涨期权空头转换为棕榈油期货空头。

熊市看涨期权价差策略的优点：先卖出平值附近看涨期权，再买入更虚值的看涨期权，若遇到大涨情况，为卖出的平值看涨期权降低风险。缺点：采用此交易策略，限定了最大收益，即无法获得市场价格大幅下跌时只卖出平值看涨期权所带来的更大收益。

3. 波动率策略

波动率策略主要包括震荡策略和看突破策略。

（1）震荡策略。震荡策略是预期棕榈油期货价格不会大幅涨跌时使用的期权策略，主要包括卖出跨式期权、卖出宽跨式期权策略。

①卖出跨式期权。基本构建原理：卖出跨式期权策略由卖出一手平值看涨期权并卖出一手平值看跌期权组成。当投资者预期市场价格在到期前不会剧烈涨跌时，可以卖出跨式期权，从价格波动不大的市场中获利（见图 7-9）。

最大风险：随着价格的持续上涨或下跌，风险增大；

最大收益：总权利金；

损益平衡高点：行权价格 + 总权利金；

损益平衡低点：行权价格 - 总权利金；

上涨履约后头寸：棕榈油期货空头；下跌履约后头寸：棕榈油期货多头。

卖出跨式期权的优点是无论市场价格涨跌，只要涨幅或跌幅不超过损益

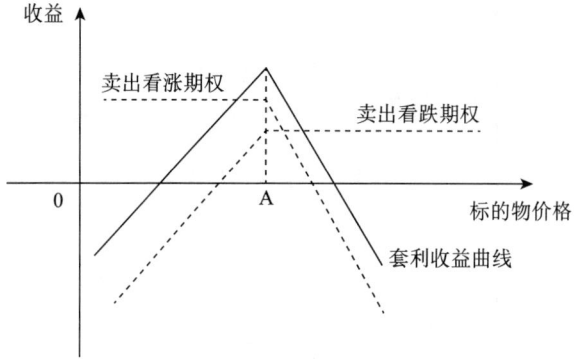

图7-9 卖出跨式期权损益

平衡的高低点，投资者都可获利。缺点是到期时，看涨和看跌一般总有一个是实值期权。而当市场价格上涨或下跌超过了损益平衡高低点，投资者将面临风险。相对卖出单一期权，无论市场涨跌卖出跨式期权的潜在风险都很大，而收益有限。

②卖出宽跨式期权。基本构建原理：卖出宽跨式期权策略由卖出一手虚值看涨期权，并卖出一手虚值看跌期权组成。宽跨式期权合约都是虚值期权，投资者收取的权利金比跨式期权少。投资者预期市场到期前一段时间不会剧烈波动，价格变动很小或没有变动，市场波动率下跌，市况日趋盘整，价位波幅收窄，只是进行窄幅的价格调整，可以使用卖出宽跨式期权获取权利金收入（见图7-10）。

上涨最大风险：行权价格B-棕榈油期货价格+总权利金；下跌最大风险：棕榈油期货价格-行权价格A+总权利金；

最大收益：总权利金；

损益平衡高点：高行权价格+总权利金；

损益平衡低点：低行权价格-总权利金；

上涨履约后头寸：棕榈油期货空头；

下跌履约后头寸：棕榈油期货多头。

卖出宽跨式期权的优点是无论市场价格如何涨跌，只要涨幅或跌幅不超过损益平衡的高低点，投资者就可收益。缺点是当市场价格上涨或下跌超过了损益平衡高低点，投资者将面临风险。相对卖出单一期权，无论市场涨

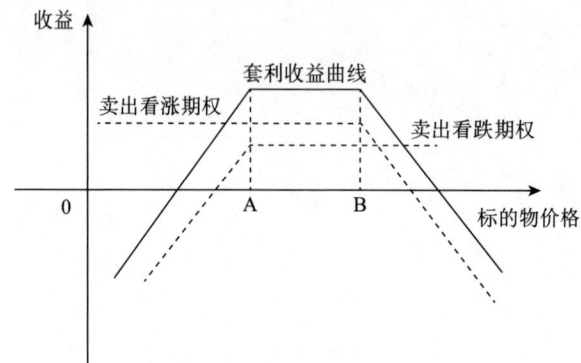

图7-10 卖出宽跨式期权损益

跌,卖出跨式期权的潜在风险都很大,但收益有限。

(2)看突破策略。看突破策略主要包括买入跨式期权和买入宽跨式期权。

①买入跨式期权。基本构建原理:买入跨式期权策略由买入一手平值看涨期权,同时买入一手平值看跌期权组成。投资者预期市场将会出现大幅波动,但不确定波动的方向,可以使用买入跨式期权,从价格突破性波动中获利。波动性越大,对期权头寸越有利。只要预计价格波动会超过损益平衡的高低点,即可获利。采用这种策略的投资者希望会有消息刺激以使价格大幅波动(见图7-11)。

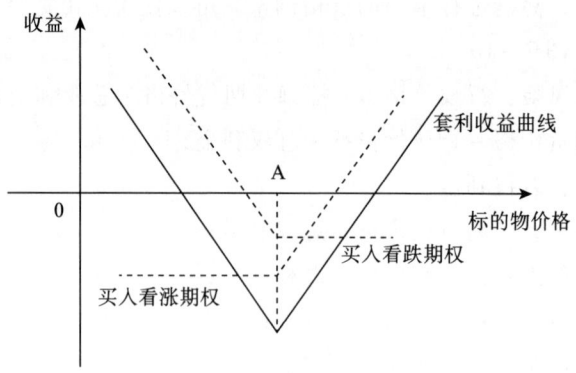

图7-11 买入跨式期权损益

最大风险:总权利金;

上涨最大收益:棕榈油期货价格-行权价格-权利金;

下跌最大收益：行权价格 - 棕榈油期货价格 - 权利金；

损益平衡高点：行权价格 + 总权利金；

损益平衡低点：行权价格 - 总权利金；

上涨行权后头寸：棕榈油期货多头；

下跌行权后头寸：棕榈油期货空头。

买入跨式期权的优点是无论任何方向的价格波动增大时，期权变为实值的可能性都很大；买入跨式期权的风险有限，潜在收益无限。缺点是与单边买入期权相比，如果市场价格波动较小，投资者权利金亏损可能性较大。

②买入宽跨式期权。基本构建原理：买入宽跨式期权策略由买入一手虚值看涨期权，同时买入一手虚值看跌期权组成。投资者的权利金支出比跨式期权少。投资者预期市场将出现大幅剧烈波动，但不确定波动的方向，可以使用买入宽跨式期权策略（见图 7-12）。

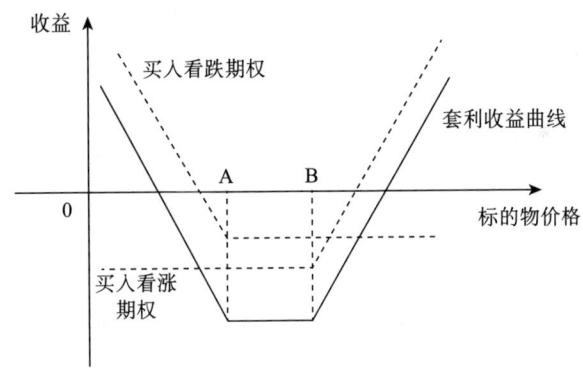

图 7-12　买入宽跨式期权

最大风险：总权利金；

上涨最大收益：棕榈油期货价格 - 行权价格 B - 总权利金；

下跌最大收益：行权价格 A - 棕榈油期货价格 - 总权利金；

损益平衡高点：行权价格 B + 总权利金；

损益平衡低点：行权价格 A - 总权利金；

上涨行权后头寸：棕榈油期货多头；

下跌行权后头寸：棕榈油期货空头。

买入宽跨式期权的优点是比买入跨式期权策略所支付的权利金少。不管市场在哪个方向出现大幅波动,期权买方都会盈利;投资者的风险有限,潜在收益无限。缺点是市场价格波动幅度超过损益平衡高低点的概率较小,投资者面临亏损的可能性较大。

自测题

一、不定项选择题

1. 场内棕榈油期权合约的最小变动单位是（　　）。
   A. 0.5 元/吨　　　B. 1 元/吨　　　C. 1.5 元/吨　　　D. 2 元/吨
2. 商品期权合约处理的方式包括（　　）。
   A. 平仓　　　B. 行权　　　C. 放弃
3. 当投资者预期棕榈油期货价格不跌（上涨或上涨幅度不大）时,选择（　　）较适宜。
   A. 买入看涨期权　　　　　　　B. 卖出看涨期权
   C. 买入看跌期权　　　　　　　D. 卖出看跌期权

二、判断题

1. 在期权交易中,只有卖方缴纳保证金。（　　）
2. 期权结算价是根据隐含波动率确定各期权合约的理论价。（　　）

参考答案

一、不定项选择题

1. A　　2. ABC　　3. D

二、判断题

1. √　　2. √

后记

本书是专为期货交易者编写的一本普及性读物,适合棕榈油产业链企业和普通交易者阅读。

本书注意实用性、趣味性,以通俗易懂的语言、鲜明生动的案例将理论知识简单化,避免了理论知识阐述过程中的呆板僵硬。对棕榈油产业链企业而言,本书具有指导实务操作的作用,书中包含了大量套期保值、套利、风险管理的应用型案例,对企业应用棕榈油期货和期权有一定借鉴意义。对普通交易者而言,本书通过一问一答的形式,由浅入深地剖析棕榈油的基本面及技术面,有助于交易者快速了解棕榈油市场。

与证券、债券等金融工具相比,期货作为风险管理工具,专业性强,杠杆率高,风险大,这在客观上要求期货交易者应具备一定的专业投资知识、经济实力以及风险承受能力。"期市有风险,入市需谨慎!"

由于篇幅限制,本书无法尽述相关实体企业及交易者在期货市场上可能面临的所有具体情况,不管是实体企业还是普通交易者,参与期货交易时,都务必结合自身需求,制定科学合理的交易策略。企业参与套期保值要避免变成投机,普通交易者要严格评估自身能力,尽可能地熟悉并掌握交易品种的市场特点及操作技巧,并严格控制交易规模,避免遭受不必要的损失。

作为《期货交易者教育系列丛书》之一,本书由中国期货业协会组织编写，中泰期货股份有限公司的史恒昱、巩力赫承担了本书的具体编写任务。大连商品交易所对本书书稿进行了审阅并提出了宝贵建议。

本书在《棕榈油》的基础上修订而来，在此感谢中泰期货股份有限公司闫希辉在上一版图书编写过程中作出的杰出贡献。

本书在编写过程中还得到了中国证监会期货司、大连商品交易所和中泰期货股份有限公司领导的指导和帮助，在此表示衷心的感谢！书中的错误之处，敬请批评指正。

中国期货业协会《期货交易者教育系列丛书》编委会

2024 年 8 月

 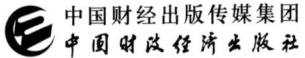

书单
FUTURES

一、系列

序号	系列
（一）	期货交易者教育系列图书
（二）	金融衍生品系列丛书
（三）	中国期货业发展创新与风险管理研究
（四）	中国期货市场年鉴
（五）	"讲故事 学期货"金融国民教育丛书
（六）	全国期货从业人员资格考试参考用书
（七）	服务实体经济系列
（八）	期货投资者保护丛书
……	……

二、明细

（一）期货交易者教育系列图书

序号	书名	书号
1	铜期货	978-7-5223-0293-5
2	精对苯二甲酸（PTA）期货	978-7-5223-1405-1
3	玉米期货	978-7-5223-2467-8
4	铝期货	978-7-5223-2980-2
5	小麦	978-7-5095-3183-9
6	锌	978-7-5095-3190-7
7	线型低密度聚乙烯、聚丙烯和聚氯乙烯期货	978-7-5223-2982-6
8	早籼稻	978-7-5095-3076-4

续表

序号	书名	书号
9	棉花期货	978-7-5223-2276-6
10	燃料油期货	978-7-5223-2659-7
11	棕榈油期货	978-7-5223-2981-9
12	黄金	978-7-5095-2532-6
13	白糖期货	978-7-5095-8814-7
14	豆类期货	978-7-5095-8815-4
15	焦煤焦炭期货	978-7-5223-2286-5
16	乙二醇期货	978-7-5223-1645-1
17	铅	978-7-5095-4086-2
18	鸡蛋期货	978-7-5095-5803-4
19	铁矿石期货	978-7-5095-5809-6
20	纤维板、胶合板期货	978-7-5095-5810-2
21	石油沥青期货	978-7-5095-5816-4
22	菜籽系期货	978-7-5095-5743-3
23	白银期货	978-7-5095-5955-0
24	玻璃期货	978-7-5095-5697-9
25	动力煤期货	978-7-5095-5802-7
26	稻谷期货	978-7-5095-5826-3
27	原油期货（第二版）	978-7-5223-2342-8
28	苹果期货	978-7-5223-0455-7
29	花生期货	978-7-5223-0967-5
30	生猪期货	978-7-5223-0851-7
31	天然橡胶期货	978-7-5223-1184-5
32	钢材期货	978-7-5223-1175-3
33	甲醇期货	978-7-5223-1295-8
34	纸浆期货	978-7-5223-1277-4
35	纯碱期货	978-7-5223-2285-8
36	镍与不锈钢期货	978-7-5233-2488-3
37	锡期货	978-7-5223-2660-3
38	液化石油气期货	978-7-5223-2931-4
……	……	……

（二）金融衍生品系列丛书

序号	书名	书号
1	股指期货（第二版）	978-7-5095-9432-2
2	场外衍生品（第二版）	978-7-5095-9596-1
3	国债期货（第二版）	978-7-5095-9601-2
4	金融期权（第二版）	978-7-5095-9598-5
5	外汇期货（第二版）	978-7-5095-9597-8
6	结构化产品（第二版）	978-7-5095-9600-5
7	金融衍生品习题集（第二版）	978-7-5095-9599-2

（三）中国期货业发展创新与风险管理研究

序号	书名	书号
1	中国期货业发展创新与风险管理研究（8）	978-7-5095-6907-8
2	中国期货业发展创新与风险管理研究（9）	978-7-5095-7523-9
3	中国期货业发展创新与风险管理研究（10）	978-7-5095-8144-5
4	中国期货业发展创新与风险管理研究（11）	978-7-5223-0213-3
5	中国期货业发展创新与风险管理研究（12）	978-7-5223-1483-9
6	中国期货业发展创新与风险管理研究（13）	978-7-5223-2215-5
7	中国期货业发展创新与风险管理研究（14）	978-7-5223-2819-5
……	……	……

（四）中国期货市场年鉴

序号	书名	书号
1	中国期货市场年鉴（2015）	978-7-5095-6924-5
2	中国期货市场年鉴（2016）	978-7-5095-7503-1
3	中国期货市场年鉴（2017）	978-7-5095-8331-9
4	中国期货市场年鉴（2018）	978-7-5095-9079-9
5	中国期货市场年鉴（2019）	978-7-5095-9869-6
6	中国期货市场年鉴（2020）	978-7-5223-0640-7
7	中国期货市场年鉴（2021）	978-7-5223-1500-3
8	中国期货市场年鉴（2022 中文版）	978-7-5223-2380-0
9	中国期货市场年鉴（2022 英文版）	978-7-5223-2381-7
10	中国期货市场年鉴（2023 中文版）	978-7-5223-2837-9
11	中国期货市场年鉴（2023 英文版）	978-7-5223-2836-2
……	……	……

（五）"讲故事 学期货"金融国民教育丛书

序号	书名	书号
1	走进期货	978-7-5095-7095-1
2	如何进行期货交易	978-7-5095-7092-0
3	期货的套保和套利	978-7-5095-7093-7
4	期货交易中的"规矩"	978-7-5095-4355-9
5	金属期货	978-7-5095-7087-6
6	农产品期货	978-7-5095-7104-0
7	能化期货	978-7-5095-7088-3
8	金融期货	978-7-5095-7094-4
9	期权	978-7-5095-7217-7
10	场外衍生品	978-7-5095-7091-3

（六）全国期货从业人员资格考试参考用书

序号	书名	书号
1	期货及衍生品基础（第三版）	978-7-5223-1005-3
2	期货法律法规与职业道德（第二版）	978-7-5223-2897-3
3	期货及衍生品分析与应用（第四版）	978-7-5223-0998-9

（七）服务实体经济系列

序号	书名	书号
1	期货行业主力复工复产案例集	978-7-5223-0168-6
2	期货服务实体经济案例集	978-7-5095-8029-5
……	……	……

（八）期货投资者保护丛书

序号	书名	书号
1	期海导航——期货投资常识与基础知识	978-7-5223-1045-9
2	期海护航——期货交易者合法权益保护	978-7-5223-1531-7

咨询电话：010-88190912

咨询邮箱：jiayanping@cfemg.cn